내가 살아본 교토

내가 살아본 교토

초판인쇄 2020년 9월 14일
초판발행 2020년 9월 14일

지은이 김희정
펴낸이 채종준
펴낸곳 한국학술정보(주)
주 소 경기도 파주시 회동길 230(문발동)
전 화 031-908-3181(대표)
팩 스 031-908-3189
홈페이지 http://ebook.kstudy.com
E-mail 출판사업부 publish@kstudy.com
등 록 제일산-115호(2000. 6. 19)

ISBN 979-11-6603-080-2 03910

내가 살아본 교토

글·사진 **김희정**

이담
Books

프
롤
로
그

안심은 가장 큰 보험 배당금이다. 그래서인가, 예측을 할 때면 항상 안 좋은 쪽만을 택했다. 시험을 보면 떨어지고, 복권을 사면 당첨 안 되고, 내기를 하면 진다고 미리 포기했다. 결과가 좋지 않았을 때의 충격을 완화하려는 일종의 안심보험과도 같은 것이었다.

좋음과 나쁨으로 가르는 이분법에 길들여진 결과이다. 성공과 실패, 행복과 불행, 기쁨과 슬픔, 아름다움과 추함, 이렇게 극단적인 두 부분으로 나누고 전자는 좋은 것, 후자는 나쁜 것이라 단정하고 중간 과정은 무시해버린다.

순간순간 이어지는 과정들도 모두 의미가 있다. 좋은 것만 원한다면 불행한 인생이 될 수 있다. 기쁨을 극대화시킬 기회를 놓친 것이며, 좋지 않은 일들이 대부분이기에 결국 만족하지 못한 인생을 살게 되는 것이다.

비움과 채움도 마찬가지지 않을까! 모두가 채움을 원하지만 대부분은 비워져 있거나 덜 채워져 있다. 채움만을 동경한다면 역시 불행한 인생이 될 것이다. 후회 없는 삶을 살기 위해서는 비움도 즐길 줄 알아야 한다.

'와비사비(詫び錆び)'는 일본 문화의 미의식을 대표하는 말이다. '와비루(詫びる), 사비루(錆びる)'는 '한적하다, 쓸쓸하다, 가난하다, 불쌍하다'는 뜻으로 채워지지 않은 비워진 상태를 말한다. 그럴싸하게 표현한다면 '부족함에서 느끼는 만족감', '한적함에서 느끼는 편안함'이다.

천년 고도의 도시 교토는 와비사비의 분위기를 한껏 만끽할 수 있는 곳이다. 골목길을 걷다 보면 가게 간판들은 초라하게 녹슬어 있고, 식당 접시들은 한쪽이 찌그러져 있고, 장식품들은 구석에 덩그러니 놓여 있다. 공간의 여백에는 햇살과 그늘이 깃들어 따스하고 차분한 기운이 감돈다.

와비사비의 절정은 모래와 돌로 구성된 일본식 정원(枯山水)에서 볼 수 있다. 료안지(竜安寺)나 켄닌지(建仁寺)를 처음 가본 이들은 대부분 실망하곤 하는데 아무것도 없는 마당에 모래를 뿌려 물결질을 하고 군데군데 돌을 놓은 볼 것 없는 정원이기 때문이다. 돌에는 이끼가 피어오르고 정원을 감싸는 돌담은 곰팡이가 핀 것처럼 초라하다.

은각사도 와비사비의 극치이다. 쓰러질 듯 낡은 건축물, 횅한 모래 마당, 돌과 다리로 구성된 정원, 이끼 덮인 산책길, 모두 낡음과 쓸쓸함의 상징이다. 그러나 돌아 나올 때쯤은 분명 비움과 부족함으로 시작했는데 어느새 가득 채워진 것 같은 만족감을 얻는다.

2년 반의 교토 유학을 마칠 무렵 집 안은 꼭 그만큼의 물건들로 가득 찼다. 쉽게 버리지 못하는 성격 탓에 교토와 관련된 모든 것들을 쌓아두었다. 사진, 입장권, 팸플릿, 심지어는 우편물까지도 버리지 못했다.

　와비사비를 한껏 느낀 난, 교토를 떠나기 전 모든 걸 정리하기로 했다. 한국으로 보내는 짐에 몇 번이고 넣었다 뺐다를 반복하다 결국 그것들을 놓아주었다. 2년 6개월간 교토를 충분히 가슴속에 담았으니 그것으로 됐다고 생각했다.

　아니, 아직도 담지 못한 교토가 남아 있으리라. 하지만 아쉬워하지 말자. 조금은 남겨두는 것도 좋다. 와비사비처럼 남김을 통해 오히려 만족감을 얻을 수 있기에.

　시간이 흘러도 그 모습 그대로 나를 맞이해줄 교토, 그리고 변함없이 나를 반겨줄 지인들 安田 상, 真山 교수님, 奥村 상, 小山 선생님, むかえまき 선생님, 樋口 상, 高橋 상에게 감사드린다.

2020년 여름
김희정

목
차

제1장

걷고 싶게 만드는

교토의 거리

느림의 미학이 담긴

후다닥 아침을 먹고 길을 나섰다. 면 소재지에 있는 학교까지는 한 시간 정도를 걸어야 했다. 버스는 하루에 딱 두 대, 게다가 정류장까지는 꽤 멀었다. 자전거를 타고 다니기도 했지만 대부분은 걸어 다니던 학창 시절이었다.

한 시간 정도의 길을 걸으며 무수한 생각을 했다. 시골이라 친구도 없었고 조용한 성격 탓에 혼자 다니길 좋아했다. 하나의 주제를 정해서 그것과 관련된 내용을 스토리식으로 만들면서 걸어갔다. 그러다 보면 어느새 학교와 집에 도착해 있었다.

성인이 되고 자가용을 타고 다니게 되면서부터는 하루에 단 10
분도 걷지 않는 생활을 했다. 걸어 다닐 수 없을 정도로 차가 많아지
고 시끄러워진 것도 한 몫을 했다. 그렇게 직장 생활 이십여 년, 운
동 부족으로 체력이 약해지고 다리 근력도 형편없을 무렵, 난 운 좋
게도 교토 골목을 거닐고 있었다.

교토는 걷기에 좋은 골목을 아낌없이 내어준다. 큰 도로 쪽은 차들로 번잡하지만 골목 안쪽으로 들어가면 부산스러움은 사라지고 고요로 바뀐다. 집들이 조금씩 현대화되어 가고 있지만 아직도 충분히 고택들을 볼 수 있다. 대문 사이로 소담한 정원이 슬며시 보이고 평온한 풍경에 한없이 멍해진다.

한 시간 땀을 흘리며 운동하는 것보다 네 시간 천천히 걷는 것이 운동 효과가 더 크다고 한다. 하루에 삼십 분 이상 햇볕을 쏘여야 우울증도 없어지고 비타민도 흡수되어 건강에 좋다고 한다.

그것보다 더 좋은 것이 두 가지 있다. 첫째는 경치를 감상하면서 걸을 수 있다는 것이다. 천천히 걸으면 풍경도 천천히 지나간다. 그 동안 눈에서 놓쳤던 주위 풍경들이 하나둘 눈에 들어온다. 눈도 즐겁지만 마음에도 여유가 생긴다.

둘째는 풍경 보기에 조금 지쳤을 때, 옛날처럼 나만의 상상의 세계에 빠질 수 있다는 것이다. 뭐 하나 주제를 정해서 생각에 생각을 거듭한다. 생각의 나래를 펼치면 창의적인 사고와 아이디어들이 마구 떠오른다.

어릴 적 추억을 다시 되살려준 교토, 교토는 천천히 걸으면서 사색할 수 있는 최고의 도시이다.

예스러움이 물씬 풍기는

#기온(祇園) 거리

상권은 도로를 따라 형성된다. 번화가가 되면 될수록 도로 주변은 복잡해져 통행 불편이 가중되고 결국 교통 원활을 이유로 시내를 벗어나 외곽도로를 건설한다. 통행은 원활해지는 반면 번성했던 상권은 죽는다.

산업화가 진행되면서 그동안 내가 봐온 모습들이다. 대부분의 시내는 사람들이 몰려 교통이 혼잡해지고 그때마다 몇 년 뒤에는 여지없이 외곽도로가 생겨났다. 그리고 번잡했던 시내는 과거의 명성을 잃고 점점 한산해져 갔다.

시골집에서 가까운 아산만은 주말마다 붐비는 관광지였다. 도로
를 따라 수많은 횟집들이 들어섰고 주차할 곳이 없을 정도로 차들
로 빽빽했다. 특히 명절 때가 되면 귀향하는 차들로 도로는 주차장

이 되었고, 명절 연휴에는 가족 나들이객들로 횟집들은 꽉꽉 찼다. 수년간의 교통 혼잡은 결국 서해안 대교 건설로 이어졌다. 7년간의 공사로 2000년 개통한 서해대교는 주말과 명절마다 반복되던 아산만의 교통정체를 해소하기에 충분했지만 횟집을 비롯한 상권은 쇠퇴해갔다.

새로움과 편리함이 좋은 점도 있지만, 반면 부작용도 동반한다. 불편 속에서 누리던 번성을 잃어버린다. 뭔가를 얻으려면 또 다른

뭔가를 잃어야 하는 논리이다. 새로움이 예스러움보다 무조건 좋은 것만은 아니다. 점심때 줄지어 기다리던 허름한 맛집이 새 건물을 지으면 손님이 뜸해지듯.

　인간이란 편리함을 추구하기도 하지만 번잡함을 원하기도 한다. 이동할 때는 한산하고 빠른 길을 선호하지만 술집이나 맛집을 찾을 때는 복잡한 번화가나 고향의 맛이 느껴지는 허름한 집을 찾게 된다. 넓고 조용한 곳에서 편안함을 느끼기도 하지만 번잡함 속에 들어가 있는 자신에게서 안락함을 느끼기도 한다.

　유구한 역사가 곳곳에 배어 있는 교토는 좁은 골목에 허름하게 늘어선 집투성이다. 예스러운 정취를 맛보기 위해 수많은 관광객들이 몰려오고 교토는 그 분위기를 간직해나간다.

　시죠에서 폰토쵸와 하나미코지를 거쳐 야사카 신사로 이어지는 코스는 항상 관광객들의 물결로 넘쳐난다. 좁디좁은 골목길은 인파가 몰려들면 더욱 번잡해지지만 그래도 사람들은 계속 그곳으로 발길을 옮긴다.

　도로는 작은 골목으로 이어지고 구부러진 곡선 뒤쪽 끝에는 어떤 모습이 있을까 궁금증을 자아낸다. 골목 어귀를 돌면 고요의 틈을 뚫고 또각거리는 게다(下駄) 소리가 울린다. 나도 모르게 소리를 따라가게 되고 바람결에 울리는 풍경 소리마저 모든 것이 고요하고 고운 기온(祇園) 거리는 손님맞이를 한다.

무더위 갈증 해결사

#자판기(自動販売機)

"지독한 바이킹. 헤헤~."

아들은 말장난을 멈추지 않는다.

"지독한 바이킹이 아니라 지도한바이키. 다시 해봐."

"그래. 지독한 바이킹~."

일어가 서툰 아들에게 단어 하나라도 더 가르쳐주기 위해 안달이지만 아들은 태평하기만 했다.

"아빠! 이게 내가 외우는 방식이야. 자동판매기는 지도한바이키(じどうはんばいき). 누가 모를까 봐 그래?"

걱정을 달래는 아들의 말에 므흣한 미소를 띠었다. 교토의 좁고 아담한 골목길을 걸을 때마다 아들과의 장난은 언제나 즐거움을 더했다.

오후의 햇살은 따스했다. 운치 있는 골목 정취에 빠져 마냥 걷다 보면 더위를 많이 타는 아들은 금세 이마에 땀방울이 맺혔다.

몇 개의 자판기(自動販売機)를 지나치고 드디어 아들이 좋아하는 콜라 자판기(自動販売機)가 나오자, 걸음을 멈추고 동전지갑을 열었다.

"콜라 마실래?"

동전을 넣자 아들은 재빨리 버튼을 눌렀다. 쿵 소리와 함께 콜라를 꺼낸 아들은 슬며시 콜라를 흔들었다.

"아빠! 먼저 먹어."

아들의 장난을 눈치챘지만 일부러 모르는 척 콜라 뚜껑을 돌렸다. 거품이 올라와 넘쳐흐르는 콜라를 보며 아들은 낄낄거리며 성공을 자축하곤 했다.

교토는 연간 수많은 관광객이 몰려들고, 도시 전체가 관광지이기에 자판기(自動販売機)는 꽤 인기가 있다. 한여름 도심 속을 걸을 때면 어김없이 찾아오는 갈증을 시원하게 해결해주는 고마운 존재였다. 특히 현지어에 약한 외국인에게는 점원과 만날 필요도 없이 그림과 금액만 보고 동전만 넣으면 되기에 더없이 좋았다.

목이 마를 즈음 눈을 돌리면 언제 어디서나 마주할 수 있는 자판기(自動販売機), 아들이 먼저 귀국하고 홀로 골목길을 걷다 자판기(自動販売機)를 마주칠 때면, 한참이나 눈길이 머물던 참으로 지독한 녀석이었다.

흐름에 멈춤이 없는

#가모강(鴨川)

고3 시절 대학교를 선택하는 것은 내 인생의 가장 버거운 순간이었다. 그때만 해도 '선지원 후시험'이라 대학교 선택이 마치 도박과도 같았다. 지금처럼 시험을 먼저 치르고 그 시험 점수로 대학교를 선택했다면 내 인생의 항로는 바뀌었을지도 모른다. 재수는 꿈도 꾸지 않았기에 결국 소심한 지원을 하게 되고 난 지방 대학교를 다니게 되었다.

주말에는 고향인 평택과 학교가 소재하는 청주를 오고 가는 생활이 반복되었다. 시외버스 정류장인 사직동에서 자취방까지는 시

내버스를 타야 했는데 대략 3km의 거리를 매번 걸어 다녔다. 힘들게
농사지어 뒷바라지를 해주시는 엄마의 주름진 손으로 건네주신 용
돈을 아끼기 위해서였다.

가장 최단거리로 가려면 무심천이라는 강을 건너야 했고, 다행히 지름길에 징검다리가 있어서 큰 다리로 돌아갈 필요가 없었다. 그렇게 고향집과 자취방을 오갈 때마다 신세를 진 그 징검다리는 아직도 기억에 남을 정도로 고마운 존재였다.

그래서였다. 교토에서 가모강(鴨川)을 본 순간 바로 무심천이 생각난 것이다. 청주 시내를 관통하던 무심천과 비슷한 느낌의 강인 가모강(鴨川)에도 몇 군데에 징검다리가 있고, 가장 유명한 징검다리는 시모가모진자 바로 밑 Y자형으로 합쳐지는 부분에 있다. 가모오하시(賀茂大橋)라는 다리 바로 옆에 있는데 유명세로 관광객을 불러 모으기도 한다.

　내가 가장 많이 이용하는 징검다리는 코우진바시(荒神橋)라는
다리 바로 옆에 있는 징검다리였다. 건너는 목적은 달라졌지만 그
징검다리를 건널 때마다 대학 시절 무심천의 징검다리가 생각나곤
했다. 이제는 한 발 한 발 디딜 때마다 무섭기도 하고 관절이 시리기
도 하지만, 나에게 있어서 징검다리는 가난한 대학생 시절을 떠올리
게 하는 추억이다. 시원한 물소리와 강바람은 징검돌을 건너는 더딘
발걸음을 슬며시 응원해주기에 충분했다.

　가모강(鴨川)은 1급수인 만큼 깨끗해서 냄새도 나지 않아 시민들과 관광객들에게 훌륭한 쉼터가 되어준다. 산보하는 사람들, 자전거 타는 사람들, 데이트하는 사람들, 춤 연습하는 사람들, 운동하는 사람들, 사진 찍는 사람들, 나들이하는 사람들, 강둑에 앉아 맥주 한잔 마시는 사람들로 다양한 사람들이 찾아들고, 먹이를 찾는 두루미들, 관광객에게 먹이를 구걸하는 비둘기들, 사람을 피하지 않는 참새들 등 동물들도 함께한다.

이런 고객들을 위해 시원한 바람과 잔잔한 물소리를 들려주며 가모강(鴨川)은 끊임없이 흐른다.

새들도 쉬어 가는

#토리이(鳥居)

고객의 니즈를 정확히 꿰뚫고 채워주기까지, 기업은 참 영리하다. 최고의 품질, 최상의 서비스, 한 치의 양보도 없다. 이 모든 것 중 가장 기본이 되는 것, 소비자에게 각인시키기 위한 것, 바로 '브랜드'이다. 쉽게 표현하면 상징이다.

우리는 끊임없이 상징을 만든다. 원래의 것을 최대한 압축해 의미를 부여하고 전체를 대표하게 한다. 간단하면서 명료하게 하여 많은 사람들에게 강인한 인상을 남기기 위함이다.

상품, 기업, 단체, 어디 하나 상징이 빠진 곳이 없고 계속 바꾸기

까지 한다. 무분별한 남용을 하는 것은 아닌지 조금은 걱정이다. 형식적, 관례적으로 만드는 상징은 시간과 돈을 낭비하는 것이다. 자주 바꾸는 상징은 사람들에게 관심도 받지 못하고 제 역할도 못 하므로 무용지물이 될 수도 있다.

대표적인 상징은 무엇일까? 먼저, 국기를 빼놓을 수 없다. 세계 각 나라들은 저마다의 국기로 나라를 대표한다. 국기의 힘은 실로

대단해 국가 대항전에서는 엄청난 힘을 발휘한다. 국민들의 애국심과 단결력을 응집시켜 하나로 만들어버린다.

두 번째는 브랜드이다. 자동차, 옷, 가방 등 상품을 대표하는 브랜드의 가치는 매우 크다. 유명 브랜드는 고품질인 제품의 값도 비싸지만 브랜드 값이 더해져 더욱 비싸진다. 기업 입장에서도 브랜드의 가치를 높이기 위해 수많은 시간과 비용을 들여 브랜드 위상을 제고시키려 노력한다.

세 번째는 종교 상징물이다. 크리스트교는 십자가이고 불교는 만(卍)이다. 그것들의 가치도 매우 커서 종교 건물 앞에는 반드시 설치하고 신자들은 장식물로 만들어 몸에 지니고 다니기도 한다. 종교적 상징물에는 영험한 효과가 있다고 믿고 신성시하기까지 한다.

일본의 종교 건물인 신사 앞에는 예외 없이 토리이(鳥居)가 빠지지 않는다. 신사를 대표하는 상징물이다. 진정한 일본인은 이곳을 통과하기 전에 꼭 허리를 굽혀 인사를 하고 지나간다. 물론 돌아 나올 때도 마찬가지이다.

토리이(鳥居)를 지나가면 소원도 이루어지고 액운도 없앤다고 믿고 많은 돈을 기부하여 토리이(鳥居)를 봉납하기도 한다. 교토 후시미이나리(伏見稲荷)타이샤처럼 수많은 토리이(鳥居)로 참배길을 만들기도 하고 헤이안진구(平安神宮)처럼 엄청나게 큰 토리이(鳥居)를 도로 위에 세우기도 한다.

토리이(鳥居)라는 단어에는 새들이 쉬어 가는 곳이라는 의미가 들어 있다. 그러나 교토 유학을 와서 수많은 토리이(鳥居)를 봤지만 토리이(鳥居) 위에 앉아 있는 새를 본 경험은 드물다. 아마 새들도 토리이(鳥居)의 경건함과 신성함을 느끼는지도 모르겠다.

난 토리이(鳥居)를 보면 '円' 자가 생각나기도 하고, '하늘 천 (天)' 자가 생각나기도 하고, '문(門)' 자가 생각나기도 한다. 그리고 전체적인 분위기로는 두 팔을 벌려 자식을 안아주는 엄마의 모습이 느껴진다.

이런 느낌들로 난 토리이(鳥居)를 지날 때마다, 많은 돈(円)을 벌 것 같고, 하늘(天)이 우리 가족을 지켜주실 것 같고, 내 마음의 문 (門)을 열어 평온을 가져다줄 것 같다. 그리고 토리이(鳥居)를 지날 때마다 난 우리 엄마의 품 안으로 들어가는 평온함을 느낀다.

향기가 배어나는

#나뭇결

등은 뜨끈한데 머리는 차갑다. 방문이 열릴 때마다 한기가 공기의 흐름을 바꾸고 찬 기운을 피해 이불에 몸을 묻고 얼굴만 내밀고 맡던 내음. 온돌을 타고 코끝을 자극하는 장작 타는 냄새는 포근하고 따뜻했다.

어린 시절 시골집은 온돌방이라 겨울엔 산으로 군불거리를 찾아다니는 게 내 일과였다. 내 기억 속의 나무는 추운 겨울 따스함을 안겨준 고마운 존재였고, 아궁이를 빠져나온 연기는 안락의 상징이었다.

　오랜 정서는 몸과 마음을 지배한다. 홍어, 카레, 마늘, 버터 냄새가 사람마다 다르게 받아들여지듯 정서가 밴 냄새는 그 사람의 일생을 지배한다. 그래서인지 지금도 나무를 보면 내 마음을 이완하는 향기가 느껴진다. 실체가 없어도 정서가 깊어지면 추상적인 향기까지도 맡을 수 있다.

　교토를 걷다 보면 간판, 의자, 도구, 건축물 등 나무를 이용한 장식투성이다. 자연스럽게 나뭇결을 살리고 있어 딱 봐도 투박하고 소박하다. 가지런히 포갠 나무판 사이로 나무 향이 바람을 타고 흘러와 코끝에 닿는다. 향기에 취해 옛 추억을 소환하고 그리움이 더할 즈음, 문득 정신 차리고 고개를 갸웃거린다. 다시 킁킁거려 보면 향은 온데간데없다.

난 교토의 나무들에서 나만의 향기를 맡는다. 그 향기에 취해 몸과 마음이 노곤해진다.

시원함이 남다른

#노료유카(納涼床)

추운 겨울 노을이 질 무렵 아버지는 뒷산에서 주워온 땔감을 아궁이에 넣고 불을 지폈다. 매운 연기를 내뿜으며 힘겹게 불은 피어오르고 이내 장작은 활활 타올랐다. 차갑던 방 안은 따스한 온기가 감돌고, 밤이 깊어가자 누렇게 탄 뜨거운 아랫목에 가족들은 옹기종기 모여 앉아 두꺼운 솜이불에 다리를 묻고 도란도란 이야기꽃을 피웠다. 아이들은 엄마가 까준 고구마를 입에 한가득 물고 재잘거렸다. 차가운 밤기운을 헤치며 엄마는 뒤뜰에 묻어둔 장독에서 김장김치와 동치미를 꺼내오셨다. 문밖으로는 하얀 함박눈이 소복이 쌓여가는 그리운 시골의 겨울밤 풍경이다.

　여름의 낮은 길었다. 저녁 늦게까지 산등성이에 걸려 있는 태양, 그래도 한낮의 무더위는 조금씩 사그라졌다. 아버지는 뒷마당에서 모이를 쫓던 닭 한 마리를 잡아 화덕 위 큰 냄비에 넣고 푹 삶았다. 해거름이 될 무렵 가족들은 마당에 멍석을 깔고 옹기종기 둘러앉았다. 멍석 가운데에 상을 펼쳐 삶은 토종닭을 옮겨놓고 큼지막한 다리를 뚝 떼어 아이들에게 하나씩 쥐어주면 다리는 당연히 자기들 몫이라는 양 게걸스럽게 뜯기 시작했다. 닭 한 마리로는 모자라 텃

밭 옥수수를 몇 개 꺾어 삶아야 배불리 여름밤을 보낼 수 있었다. 옥
수수로 하모니카를 부는 아이들 머리 위로는 별똥별이 지나가고 연
약한 피부를 노리는 모기를 쫓기 위해 엄마는 더위 속에서도 연신
부채질을 해댔다. 마당 한쪽에선 모기를 쫓기 위해 말린 쑥 향기가
피어오르는 그리운 시골의 여름밤 풍경이다.

우리들이 어린 시절 겪었던 시골의 풍경들, 겨울엔 방 안에서 여름엔 마당에서 가족들과 오순도순 보내던 시절이었다. 그 겨울 아버지가 장작불로 지진 온돌방의 따스함은, 지금 그 어떤 훌륭한 보일러로도 대체가 안 된다. 그 여름 엄마의 멍석 위 부채질의 시원함은, 지금 그 어떤 뛰어난 에어컨의 시원함도 견주질 못한다.

　　세월이 흘러 온돌과 멍석은 사라졌지만 우리들 마음속에는 고향의 추억이 아련히 남아 있다. 세상은 더욱 편해졌지만 그 옛날 안락함과 포근함은 사라져갔다. 그 느낌을 찾고자 대체 물건을 만들어내고, 겨울엔 가족들과 찜질방의 따스함을, 여름엔 계곡 평상 위의 시원함을 찾아간다.

　　무더운 여름이 되면 교토는 계곡이나 강 위에 평상을 설치해 여름을 견딘다. 교토를 가르는 가모강(鴨川)을 따라 줄지어 늘어선 노료유카(納涼床)는 밤낮으로 진풍경을 만들어낸다. 전통적인 목조건물과 어울려 꽤 낭만적인 분위기를 자아내고, 시원한 강바람마저 불어오기에 아련한 옛 추억을 소환하기에 충분하다.

제2장

사람과 조화를 이룬

교토의 자연

예술을 만들고 파는

벼룩시장(手作り市)

　신은 인간을 허투루 만들지 않았다. 중요한 신체 부위를 두 개 쌍으로 만든 것을 보면 말이다. 하나가 고장 나면 다른 하나가 대체하게 하기 위함이 첫 번째 이유이고, 두 개가 조화롭게 잘 어울려 능력을 발휘하라는 게 두 번째 이유일 게다.

　신의 뜻에 가장 큰 보답을 해준 것은 바로 손이다. 인간은 두 손을 사용해 다양한 솜씨를 발휘한다. 손으로 만든 물건은 기계에 의해 대량 생산된 것들과는 다른 가치를 지닌다. 한 땀 한 땀 공들여 만든 물건은 일반 상품과는 사뭇 다른 느낌이 든다.

　주기적으로 열리는 교토 수제품 벼룩시장(手作り市)을 찾았다. 수많은 부스에 다양한 상품들이 펼쳐져 있고 그것들을 구경하며 무심코 지나쳤다. 혹시 싸게 살 거라도 있나 기웃거리다 폐장 무렵, 문득 이상한 점이 감지되었다.

　오후 4시를 지나자 물건을 정리하는 분주함, 폐장 분위기가 역력했다. 아쉬운 마음에 발길을 돌리다 짐 정리하는 그들을 보니 판매 시간이 짧아서 그런지 그다지 짐의 양은 줄지 않아 보였다. 가지고 온 짐을 그대로 다시 싸가는 듯한 분위기였다.

　벼룩시장(手作り市)이 끝나갈 무렵, 그들은 거의 팔리지 않은, 가져올 때와 비슷한 양의 수제품들을 다시 포장했다. 아무런 아쉬움도 없이.

　장사꾼이라면 상품이 팔리지 않았을 경우 기분이 안 좋은 게 인지상정이다. 팔기 위한 목적으로 만들었기에 팔리지 않은 매대를 보며 실망하는 게 당연할 텐데, 그들은 달랐다.

그들의 수제품들은 상품이 아닌 작품이었다. 팔기 위한 목적만이 아닌 창작의 의미가 더한 것이다. 사람들이 자신의 작품을 보고 감탄해준 것만으로도 만족한 것이다. 마치 미술관에 걸린 예술작품처럼 단지 사람들의 시선을 끄는 것만으로도 충분한 가치가 있는 것처럼 말이다. 그것을 일컬어 예술작품이라 한다.

폐장 무렵이 돼서야 깨달았다. 그들이 판 것은 상품이 아니라 예술품이었다는 것을.

구부러진 일탈에 끌리는

#소나무

'바르게 살자.' 옛날에는 이 글이 마을 입구를 도배했다. 자세도 바르고 성격도 바르고 모든 것이 반듯해야 한다고 귀에 못이 박히도록 듣고 또 들었다. 그래서인지 반듯한 것은 당연히 정답이라 여겼다.

세상을 살다 보니 반듯한 것만이 정답이 아니라는 생각이 든다. 물론 반듯한 사람이 좋은 평가를 받긴 하지만 그다지 재미는 없다. 부담스럽기도 하고 형식적인 만남에 그치게 된다. 조금 허점이 있고 덜렁대기도 하고 농담도 잘하는 사람이 되레 인기가 많다.

반듯한 물건들도 마찬가지이다. 구불구불하고 비뚤어진 물건들

이 더 예술적인 평가를 받는다. 격식 있는 옷인 양복이나 드레스는 입고 있으면 불편하다. 찢어진 청바지나 쫄티는 자연스럽고 스타 패션으로도 유명하다. 똑바른 나무는 일정 기간이 지나면 잘려 목재로 이용되지만 구부러진 나무는 높은 가격에 거래되어 정원수로 수백 년을 이어간다.

세상은 참 아이러니하다. 우리는 그렇게도 반듯하고 성실하게 살기를 요구받지만 정작 여자들은 나쁜 남자에게 끌리고, 남자들은 노는 언니에게 매력을 느낀다. 세상의 이치를 제대로 파악한다면 적

당히 반듯해야 한다. 반듯할 때는 반듯하고 망가질 때는 망가져야 한다는 말이다.

20대 때 아르바이트를 위해 작성했던 이력서의 자기소개서는 이렇게 시작했다. '저는 이중성격자입니다. 장남으로서 꼼꼼하고 성실한 성격도 지녔지만, 친구들과 만나면 막내같이 쾌활한 성격도 지녔습니다. 저는 이런 이중성격을 계속 간직하려 합니다. 사회생활에서 둘 다 필요한 성격이기 때문입니다.'

　악역만 맡는 성격파 배우들이 가끔 TV 예능프로에 나오면, 원래
는 소심한 성격이라 고백한다. 반대로 조용하고 얌전한 사람들이 의
외로 무서운 성격의 소유자인 경우도 많다. 우린 모두 양면의 성격
을 지니고 있다. 단지 어느 한쪽이 좀 더 표출될 뿐이다.

　인간은 규칙을 준수하는 반면 일탈도 즐긴다. 사회관념상 요구
되는 여자들 마음속에 내재되어 있는 순한 마음이, 일탈을 불러일으
키는 나쁜 남자에게 매력을 느끼는 것이다.

　하늘을 향해 반듯하게 솟은 삼나무들이 빽빽한 산들로 둘러싸
인 교토, 네모반듯하게 계획화된 도시인 교토를 걷다 보면 홀로 외
롭게 구부러져 있는 소나무에 더 끌리는 이유를 난 이렇게 생각한
다. 꼼꼼하고 반듯한 교토인들 마음속의 내재된 '나쁜 남자'를 갈구
하는 일탈이라고.

개성 넘치는 독특한 매력의

#간판

학창 시절 히트 친 '메리에겐 뭔가 특별한 게 있다'라는 영화는 스토리뿐만 아니라 관객을 끄는 호기심 가득한 제목도 한 몫을 했다. 주인공 카메론 디아즈 역시 영화 분위기를 아우르는 완벽한 캐스팅이었다.

남자 주인공 벤 스틸러가 고교 시절 짝사랑하던 카메론 디아즈를 찾아달라고 사설탐정을 고용하는데, 그 사설탐정마저 카메론 디아즈를 사랑하게 된다는 내용이다. 그녀는 외모로 친다면 그렇게 예쁜 얼굴은 아닌데도 꾸미지 않는 자연스러움 때문인지 남자들을 끌

어당기는 숨겨진 매력이 있었다.

　전 세계를 휩쓸고 있는 K-POP, 남자 그룹이든 여자 그룹이든 그 안에는 예쁜 멤버와 덜 예쁜 멤버가 공존한다. 누구는 미모, 누구는 노래, 누구는 예능, 멤버별로 재능에 따라 담당 분야를 나누는데, 이상한 점이 있다. 처음에는 예쁜 멤버에게 시선과 인기가 집중되지만, 어느 정도 시간이 지나면 다른 멤버가 더 사랑을 받는 경우가 생

긴다.

　다른 멤버에게 매력이 발견됐기 때문이다. TV에 출연하면서 그만의 성격을 어필하고 팬심을 끌었기 때문이다. 물론 예쁜 멤버가 매력까지 있어 꾸준히 인기를 끄는 경우도 있지만 예쁨과 매력은 반드시 일치하지 않는 경우도 많다.

　옷의 경우도 마찬가지이다. 옛날에는 깨끗하고 깔끔한 옷이 인

기가 있었으나, 지금은 찢어진 청바지, 똥바지 등 낡아 보이고, 오래
돼 보이고, 개성 있는 옷들이 인기가 많다. 있는 그대로의 자연스러
움에 더 끌리는 것이다.

　교토 가게들의 간판에서 그런 매력을 느꼈다. 우리가 그동안 보
아왔던 흔한 간판과는 다른 느낌이다. 썩고 낡고 녹슨 나무나 돌이
나 쇠로 만들기도 하고, 다양한 창작물로 독특한 형태로 설치하기도
한다. 가게마다 똑같은 간판을 찾아보기 어려울 정도로 저마다 개성
이 뚜렷하다.

　간판가게에서 상업적으로 제작하여 배포하는 획일적인 간판은
가게의 정보만 알려주는 역할에 머문다. 반면, 조금 낡아 보이는 듯
해도 자연스러운 재료를 이용해 만든 간판은 손님을 끄는 매력이
있다.

　간판뿐만 아니라 외벽들도 개성이 강하다. 공공시설조차도 자연
상태로 방치된 느낌을 받는다. 마치 일본의 건물은 한번 건축하고
나면 전혀 수리를 안 하는 듯하다. 대부분 녹슬어 있고 낡은 채로 방
치되어 있다.

　반면, 안으로 들어가면 다르다. 가게의 문은 다른 차원의 세계를

넘나드는 경계의 문처럼 느껴진다. 실제로 안에 들어서면 외견의 낡음은 완전히 사라지고 깨끗하고 정갈한 기운만이 감돈다.

교토의 가게들은 단순히 상품만을 파는 것이 아니라, 간판, 디자인, 진열, 모든 걸 총동원해서 손님을 끈다. 밖에서부터 안으로 들어갈수록 낡음에서 신선함, 더러움에서 깨끗함으로 바뀐다. 흡사 카메론 디아즈처럼 껍질을 벗기면 벗길수록 점점 매력에 빠져들게 만드는 그런 끌림이다.

그 매력에 빠져 나도 모르게 물건을 사거나 음식을 먹거나 하면 가끔은 기대에 못 미쳐 실망하는 경우도 종종 있다. 매력에 취하는 것은 자유다. 술 깬 후의 후회는 본인의 몫인 것처럼.

인간과 자연이 교감하는

#교엔(御苑)

'어쩜 이리 아름다울까!' 감탄하는 동안 서늘한 바람이 목덜미의
땀을 서늘케 한다. 한참을 망설이다 발을 떼니, 고개 숙인 풀이 서서
히 일어선다. 순간, 미안한 마음이 든다.

변명이라도 하려 자연보호에 의문을 품어본다. 뭔가를 즐기려면
그것을 건드려야 할 텐데, 자연을 그대로 둔다면 즐길 수 없는 것은
아닐까? 보호만 하다 보면 자연은 인간과 동떨어진 다른 세계가 되
어버리지는 않을까!

'잔디밭에 들어가지 마세요.'

잔디, 꽃, 나무들이 심겨 있는 공간은 밧줄로 경계를 표시하고 출입금지 팻말로 사람들의 접근을 금지시켰다. 자연보호를 위해 단지 눈으로만 구경하라며 옛날 공원마다 어김없이 꽂혀 있었던 문구였다.

교토의 중심, 옛날 천황이 거주하던 고쇼(御所)는 주위를 공원으로 조성해 전부 개방한다. 공원이란 단어가 붙어 교엔(御苑)이라

한다. 출입금지 팻말이 없어 어디든 돌아다녀도 되는데 거기에는 흙
길도 있고 풀길도 있다.

확실히 흙길은 아스팔트길과 달리 걸을 때의 촉감이 다르다. 풀
길은 그 느낌이 더한다. 마치 옛날 시골에서 논밭을 걷던 감촉과 느
낌이 다시 살아나는 것만 같았다.

자연과 마주하면 어쩔 수 없이 상처를 입을 수밖에 없다. 하지만
그 사이로 온갖 야생의 생태계가 자리를 잡아 오히려 더 자연스러워

진다. 경계선상에 자리 잡은 미묘한 세계는 독특한 운치를 더한다.

그동안 아스팔트 위만 걷다가 흙과 풀을 밟으니 '내가 자연 속에 있구나'를 실감하게 했다. 오리털 이불 속에서 곤히 자는 안락함과도 같았다. 주기적으로 벌어지는 벌초 후의 풀 내음은 흙 내음과 섞여 특유의 청량감을 주었다.

자연을 진정으로 즐기는 것이란 무엇인가! 자연을 고이 아껴서 후손에게 전해주고, 후손들도 다시 고이 보존해 또 후손들에게 물려준다면, 그 자연은 대체 누구를 위한 자연이고 도대체 어느 시대쯤에 즐길 수 있는 것인가!

잔디나 풀이 조금 훼손되면 어떠한가! 심하게 파괴된다면 당연히 보호해야겠지만, 어느 정도의 훼손, 즉 인간과의 조화를 통해서

입은 상처는, 자연 스스로도 감당할 수가 있다. 자연치유가 가능한 정도까지는 인정해야 한다.

자연도 인간과 함께할 때 비로소 자연스러운 존재가 된다. 인간이 없는 자연은 하나의 조형물에 불과하거나, 인간이 살지 못하는 정글에 불과하다. 서로 조화를 이루면서 생기는 상처는 아름답다. 그 아름다움이 내 눈과 발을 통해 내 가슴에 전해진다.

엄마가 부를 것 같은

#고택

　'이런 곳에 살아봤으면.' 동경을 품은 그 자리에 한옥집이 있었다. 골목 어귀를 돌아 '민박'이라고 쓰인 대문 앞에서 한참을 서성거렸다. 어린 시절 옹기종기 얽혀 살던 정겨운 우리 시골집을 고스란히 닮았다.

　언젠가 출장으로 갔던 전주 한옥마을, 그리운 추억에 홀리듯 골목골목을 걸었다. 관광객이 넘쳐 부산스럽기도 했지만 그 때문에 또 좋기도 했다. 언젠가는 전통가옥이 전부 사라지지 않을까 걱정했었는데 조금은 안심이었다.

그런 걱정 전혀 할 필요가 없는 곳이 있다. 바로 교토이다. 교토는 천년 고도라는 명성에 걸맞게 전통가옥들이 즐비해 골목을 걸을 때마다 고풍스러운 자태에 매료된다.

어찌 보면 새 건물은 전통가옥보다 더 좋은 재질로, 또한 더 세련된 디자인으로 건축하였는데도, 그래서 더 멋있는 면이 있는데도 신기하게 우리에게는 전통가옥이 눈에 먼저 들어온다. 지난 추억의 파편들이 슬며시 정서를 건드리는 걸까!

'전통가옥을 관광자원화한 것처럼, 수십 년이 지나면 지금의 아파트도 관광자원이 될 수 있나요?' 한국관광공사 사장이었던 이참에게 질문을 했었다. 추억의 끌림이 전제라면 아파트도 그렇지 않을까 하는 의문이 들어서였다. 건축물이 관광자원이 되려면 테마가 깃들어 눈길을 끌어야 한다고 그는 답했다.

교토 고택에는 나무, 돌, 이끼, 물, 꽃 등 자연이 고스란히 담겨있다. 자연의 재료를 인공적인 기술로 건축하고, 그 속에 다시 자연을 담았다. 인공에 자연적 요소가 깃들면 끌림이 생긴다. 인간도 동물이기에 자연을 그리워한다.

　여느 시골집이 그러하듯 고택은 자질구레함 없이 정갈하다. 자연적 테마가 깃들고 시골집과 같은 안락함이 우리의 마음을 이끈다. 교토 고택을 보면, 나도 모르게 그 안에서 연로하신 엄마가 밥을 지어놓고 나를 기다릴 것만 같은 묘한 끌림이 느껴진다.

공생을 기꺼이 허락하는

#나무

'기생충', 이보다 더 탁월한 제목이 있을까! 봉준호 감독의 영화 '기생충'은 한국 영화사 101년의 역사를 바꿔버렸다. 2020년 제92회 할리우드에서 열린 아카데미 시상식에서 감독상, 각본상, 국제영화상, 작품상 총 4개 부문을 휩쓸어 버린 것이다. 부잣집에 기생하며 산다는 스토리가 자본주의와 빈부격차 문제를 건드려 아카데미 심사단에게 먹힌 것이다.

진짜 기생충을 소재로 한 영화도 있었다. 2012년 박정우 감독의 '연가시'는 기생생물이 숙주인 인간의 머릿속에 살며 뇌를 조종하

여 물속에 뛰어들도록 유도해 익사시킨다는 내용이었다. 연가시란 가늘고 긴 철사 모양의 실뱀 모양을 한 기생충을 말한다.

기생하는 것 중 인간에게 가장 무서운 것은 역시 바이러스이다. 문명의 질병으로 일컬어지는 바이러스는 사스, 메르스, 신종 코로나로 이어지며 현대사회를 공포에 떨게 했다. 세계는 바이러스와 전쟁을 벌이고 있지만 아직도 치료제를 찾지 못하고 있다. 가장 약한 바

이러스인 감기약조차 항생제, 해열제, 진통제, 거담제, 소화제, 항히
스타민제라는 바이러스와는 전혀 상관이 없는 약들뿐이다.

기생의 위험은 실로 크다. 기생물은 죽이기도 어려울 뿐만 아니
라 숙주의 영양분을 빼앗아 그 숙주를 쇠약하게 하고 결국 죽게 만
든다. 그런데 이런 기생의 악영향을 아무렇지도 않게 눈감아주는 곳
이 있다. 바로 교토이고 숙주는 교토의 나무들이다.

교토의 나무들은 마치 다리에 털이 난 듯 털북숭이처럼 생겼다.
습한 기후 덕에 나무에는 이끼가 끼고 이끼는 좋은 기생환경을 만
들어준다. 갈라진 나뭇가지 사이에는 털처럼 풀이 무성히 자라고 생
명력을 꾸준히 이어간다. 결국 숙주인 나무의 생명을 단축시키고 부
패되어 구멍이 뚫리거나 잘려나가기까지 한다.

이상한 건 기생의 피해가 이렇게도 큰 데도 교토는 방치한다는
것이다. 왜일까? 2002년 월드컵 영웅인 김남일 선수를 따라 교토에
유학하던 아나운서 김보민은 '교토라고 쓰고 작품이라고 읽는다'
라는 제목의 글을 남겼다. 그 글에서 그녀는 교토의 주인공은 사람
이 아니라 바로 자연이라 했다.

교토는 자연을 테마로 한 거대한 작품 그 자체이다. 나무, 돌, 이

끼 등 자연을 최대한 살려 집과 정원과 골목과 도시를 디자인했다.
그 결과, 교토는 어디를 가나 예술적인 풍경을 담을 수 있다.

　교토의 나무들은 자연 그대로 방치된다. 나무에 이끼가 끼고 풀
이 자라 결국 썩고 죽어도 그대로 놔두고 볼 따름이다. 기생하는 것
들도 생명이 있다. 그들도 자연이고 그 과정은 자연의 일부이다. 그
들 입장에서는 기생이 아니라 공생이다.

부드러운 햇살 가득한

엔가와(緣側)

수백 년 된 노쇠한 대문을 삐걱 건드리면 늙은 노송이 떠받치는 곡선이 보이고 시선을 내리면 반들반들한 털썩 앉고 싶은 마루가 한눈에 들어온다.

생활의 변화는 의식주의 패턴을 완전히 바꿔버렸다. 옷은 간편한 옷들이 대량 생산되어 청바지, 면바지, 입기 편한 옷들이 넘쳐난다. 음식은 식재료와 레시피가 풍부해 다양한 요리들이 만들어졌다. 특히, 바쁜 현대인에게 딱 맞는 인스턴트 요리가 봇물을 이루었다.

주택도 다를 바 없다. 목재에서 현대식 자재와 기술, 게다가 디

자인까지 겸비한 멋진 건축물들이 우후죽순 생겨났다. 도시에는 올려다보기조차 힘든 높디높은 고층건물들이 즐비하고, 건축물 자체가 유명한 관광상품이 되기도 한다.

애초에 주택의 기본은 흙이나 나무로 만든 단층집에 조그만 앞마당을 둔 삶의 공간이었다. 여력이 있으면 정원을 꾸미며 자연과 함께하는 한가로운 생활을 즐겼다.

세월이 흘러 생활패턴은 크게 바뀌었다. 옛날에는 집을 중심으로 인근 논밭을 일구며 살았지만 이제는 아침에 출근하여 하루 종일 회사에서 보내고 저녁이 되어야 집에 돌아와 쉬는 형태로 바뀌었다. 심한 경우에는 밤늦게까지 일하고 집은 단지 잠만 자는 마치 모텔 같은 존재로까지 퇴색했다.

생활이 변화하고 의식주가 바뀌어도 인간은 자연을 향유하려 한다. 자연의 멋과 전통적인 분위기에 끌린다. 나이가 들면 시골 전

원주택이 그리워지고, 조그만 마당이나 정원이 있는 아기자기한 삶의 공간을 꿈꾸게 된다.

　나에게 있어, 거기에 딱 하나 더 추가한다면 좋은 것이 바로 마루이다. 전통가옥에는 방과 방 사이에 마루가 있었다. 마루에 햇살이 내려앉는 순간 따스한 온기가 곳곳을 어루만지는 듯하다. 내친김에 햇살 드리운 마루에 벌러덩 누우면 기분 좋은 따스함이 온몸에 스며든다. 한여름 그 위에서 수박 한 조각에 부채질 하나면 행복 그 자체였다. 밤이 되면 달빛 별빛 아래 다리를 걸치고 앉아 가족들과 오손도손 떠드는 낭만도 있었다.

현대에 와서 집은 생활보다는 취침의 기능으로 전락해 원룸이나 빌라, 아파트가 들어서고 마루는 점점 사라져갔다. 시골에 가야 몇 채 남지 않은 고택에서나 겨우 볼 수 있게 되었다. 기억 속에는 남아 있지만 이제는 사라진 그 마루가 정겨워질 즈음, 운 좋게도 난 교토에 와버렸다.

교토 고택, 절, 신사에 가면 조그만 앞마당이 있는 목조주택이 많다. 그곳에는 엔가와(緣側)라고 하는 시골집 마루가 존재한다. 그곳에 가면 한참을 앉았다 오는 게 일상이었다.

없어져가는 것들이 그립다. 그러나 없어지고 새로 생기는 게 우리의 인생이리라. 문제는 옛것들은 점점 사라져가는 반면 추억은 가슴속에 고스란히 남는다는 것이다.

제3장

독특한 테마가 녹아 있는

교토의 관광지

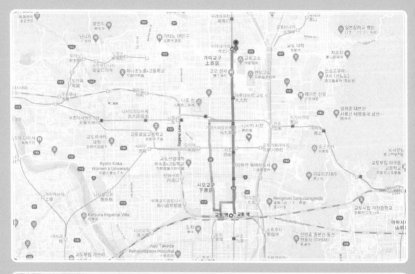

애절한 그리움 묻어나는

#도시샤 대학(同志社大学)

차별 대우를 했다.

우리나라를 대표하는 시인 정지용과 윤동주가 내 선배가 될 줄은 꿈에도 몰랐다. 두 분 다 도시샤 대학(同志社大学)에서 유학했고, 그들의 넋을 기려 대학 한편에 시비가 나란히 놓여 있다. 수업 있는 날이면 가끔씩 들렀는데 이상하게도 정지용보다는 윤동주 쪽에 더 오래 머무르곤 했다.

왜 유독 그에게 더욱 관심이 가는 걸까? 윤동주 시인은 일제강점기 젊은 나이에 생을 마감한 시인으로, 빼앗긴 조국의 현실에 가

슴 아파하며 그 고뇌를 담은 서시로 유명하다. 동지사 대학 영문과에 재학 중에 항일운동 혐의로 체포되어 후쿠오카 형무소에서 29세의 젊은 나이에 옥사하고 만다. 1945년 2월, 조국의 해방을 몇 달 앞둔 시점이었다.

예수, 부처 또한 젊은 나이에 생을 마감했다. 그들을 숭상하는 크리스트교와 불교는 세계를 대표하는 종교로 지금까지도 수천 년을 이어져 왔다. 평균적인 수명을 살다 죽으면 호상으로 여기지만 병이나 사고로 조금 일찍 죽으면 안타까워한다. 특히 젊은 나이에 요절한 경우는 더욱 연민의 정이 느껴진다.

교토 4월의 시계는 빠르다. 벚꽃의 시계는 더욱 빠르다. 3월 말 개화 선언을 한 후 얼마 되지 않아 대부분 지고 연둣빛 기운이 돌아난다. 짧은 시기 중에서도 가장 화려한 만개는 더욱 짧다. 눈 깜짝할 사이에 지나간다. 1년으로 치자면 10분의 1도 살지 못하고 죽는 너무나 짧은 생인 벚꽃에 사람들의 눈길이 오래 머무른다.

한국으로 돌아가면 다시 못 볼지도 모를 교토에서의 벚꽃 구경, 짧은 시간만큼 볼 수 있는 양에도 한계가 있다. 그러나 못 본 벚꽃들을 아쉬워하지 않는다. 그만큼 볼 수 있었던 꽃들이 더욱 값지기에.

젊은 나이에 생을 마감한 윤동주 시인처럼 쳐다만 봐도 아련한 벚꽃, 그 시절 윤동주 시인도 봤을 벚꽃이라 생각하니, 교정에 핀 벚꽃에선 애절한 향기가 난다.

Info

🌸 **영상 주소** https://tv.naver.com/v/5891304
🌸 **영상 제목** (일본여행) 교토 도시샤대학 – 윤동주시비를 밝혀주는 트리

누구나 사색에 빠지게 되는

#철학의 길(哲学の道)

교토를 찾는 이유를 꼽으라면 벚꽃이 빠질 수 없다. 벚꽃 아래서 맥주 한잔하거나, 전통의상을 입고 기념사진을 찍거나, 바람에 흩날리는 벚꽃 아래를 거닐며 추억을 쌓는 여행은 여행자를 매료시킨다.

만일 벚꽃여행을 계획한다면 개화 시기와 만개 시기를 잘 고려해야 한다. 4월 말쯤 서너 잎 피기 시작할 때가 개화 시기이고, 일주일 정도 후 모든 꽃잎이 활짝 필 때가 만개 시기이다. 화려한 벚꽃놀이를 기대했다면 개화 시기에 드문드문 핀 교토 벚꽃에 실망할지도 모른다.

벗꽃나무는 어찌 보면 우리 인생과 비슷하다. 개화는 청소년, 만개는 청춘, 단풍은 중년, 낙엽은 노년과 같다. 십 대에는 한 명 한 명 모두 예쁘고 관심을 받듯 개화기의 벗꽃도 한 잎 한 잎 사랑을 받는다. 확대하여 사진을 찍기도 하고, 오랜 시간 눈길이 머문다. 하지만 화려하다고 평가하기에는 이르다. 설익은 듯한 풋풋한 아름다움이 있을 뿐이다.

이십 대가 되어야 여자는 화장의 기술을 익히고, 남자는 멋있는

근육을 자랑하게 된다. 외견상 인생의 절정기로 계속 쳐다보게 만드는 시기이므로 만개한 벚꽃과도 같다. 하지만 아픔도 있다. 미래에 대한 불안과 걱정 가득이다. 청춘의 꽃잎이 하나둘 떨어질 때, 가족의 그늘이 되어줄 잎새를 준비해야 한다.

　무성한 잎사귀에 영양분을 뺏기고는 어느덧 기력이 쇠한다. 단풍이 들고, 낙엽을 떨구고 앙상한 나뭇가지로 변한다. 얼핏 보면 개화나 만개가 보기에는 좋은 것 같지만, 모든 시기마다 아름다움은

존재한다. 빨갛게 물든 가을 단풍도 아름답고, 앙상한 나뭇가지만 남은 추운 겨울, 하얗게 내려앉은 눈 덮인 풍경도 아름답다.

인간과 자연이 다른 점이 있다면 인간은 노년 후 생을 마감하지만 나무는 다시 소생한다는 것이다. 인간이 자연보다는 더 아름다운 건 반복할 수 없는 소중함 때문이다. 게다가 반복되는 자연을 즐길수 있는 혜택도 있다.

교토에는 좁고 길쭉한 수로를 따라 벚꽃 산책로가 있다. 옛날 교토를 대표하는 철학자(西田幾多郞)가 사색하며 산책하던 길로 유명하다. 약 2킬로 정도 수로길에 벚나무가 심겨 있고 주위에 예스런 가옥들이 즐비해 있기에 연중 아름답지만 역시 벚꽃 피는 봄날이 제격이다.

벚꽃 명소 철학의 길(哲学の道)에서 흩날리는 벚꽃길을 걸으며 철학자가 되어보는 건 어떤지.

Info

🌸 **영상 주소** https://tv.naver.com/v/13932726
🌸 **영상 제목** (일본여행) 교토 철학의 길(哲学の道) – 사색하기 좋은 날

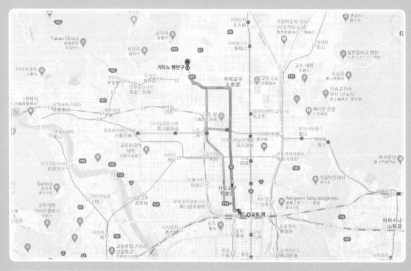

소의 등을 쓰다듬는

#기타노 덴만구(北野天満宮)

시골은 가족이 일꾼이다. 어릴 적 내 담당은 꼴 베기였다. 학교에서 집에 오자마자 낫을 들고 소 풀 베러 가는 건 당연한 내 일과였다. 옛날에는 동네 집집마다 소 한두 마리씩은 키웠는데, 그 소가 새끼를 낳으면 키워 팔기를 반복하면서 자녀를 공부시켰다. 당시에는 소가 키다리 아저씨인 줄도 모르고 투덜대며 풀을 베곤 했었지만.

아침저녁이면 집 안이 쇠죽 끓이는 냄새로 진동했다. 짚과 쌀겨를 섞어 만들었는데 왜 그렇게 냄새가 구수했는지 맛있게 먹는 소를 보면서 가끔은 맛보고 싶은 충동도 느꼈던 배고픈 시절이었다.

　소 덕분에 학교를 다닐 수 있었고, 부모님 기대에 부응하기 위해 밤늦도록 교과서를 달달 외우며 공부를 했다. 지금은 집안일도 안 하고 공부 환경도 좋지만, 옛날과 비교하여 공부 효율성에 있어서 어느 쪽이 더 나은지는 모르겠다. 공자, 맹자, 이이, 정약용 등 옛날에도 유명한 위인들이 많은 걸 보면 환경은 그다지 중요하지 않은지도 모르겠다. 중요한 건 열정 그리고 의지일 게다.

교토 기타노 덴만구는 학문의 신을 모시는 신사이다. 헤이안시대 대표적인 학자 스가와라노 미치자네(菅原道真)라는 천재 학자를 모시는 신사로, 실제 인물을 모신 최초의 신사이기도 하다.

이곳에는 내 어릴 적 추억이었던 학업과 관련이 깊은 '소' 동상이 유난히 많다. 그중 신사 입구에 있는 두 마리의 소는 꽤 유명하다. 사람들이 하도 만져서 콧잔등과 등이 반들반들할 정도이다. 끊임없이 들어오는 학생들, 부모들, 그들은 소 앞에서 간절한 소원을 담아 소를 어루만진다.

그 옛날 우리 아버지도 필시 같은 마음이었을 것이다. 쇠죽을 먹고 있는 소의 등을 어루만지며 우리가 공부 잘하길 빌고 또 빌었을 것이다.

Info

🌸 **영상 주소** https://tv.naver.com/v/13932730
🌸 **영상 제목** (일본여행) 교토 키타노텐만구 하츠모오데(北野天満宮 初詣) - 세해 소원을 빌며

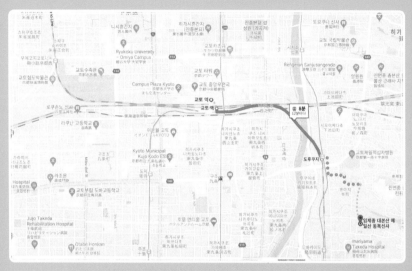

짙은 녹음에 취하는

#도후쿠지(東福寺)

문장 구성을 논한다면 단연 서론, 본론, 결론이다. 서론에서 글을 쓰는 이유를 밝히고, 본론에서 가장 중요한 핵심을 말한 후에 결론에서 글을 마무리한다. 영화로 치면 등장인물이 하나둘 나오면서 스토리를 구성하고 가장 갈등이 고조되는 클라이맥스를 거쳐 모든 것이 해결되며 끝나는 구성이다.

어찌 보면 세상사 대부분이 이런 시스템으로 돌아가는지도 모르겠다. 인간도 어린이로부터 성장해 가장 피크인 청춘을 즐기고 황혼기에 접어들며 인생을 마무리한다. 자연 또한 만물이 태동하는

봄, 울창한 여름, 낙엽 지는 가을로 이어진다. 모든 단계는 결국 다 이어져 있지만 가장 중요한 부분을 굳이 말한다면 본론, 청춘, 여름이라 할 것이다.

의문이 생겼다. 자연의 경우는 '여름'이 봄과 가을에 밀리는 느낌이 든다. 경치로 치면 꽃과 단풍으로 대변되는 봄가을이 단연 으뜸이고 계절의 본론인 여름은 다음으로 밀린다. 울창한 녹음이 드리워지는 계절의 피크인 여름, 그 여름을 대표하는 녹색, 어찌 보면 더 아름답고 우리의 마음을 더 편하게 해주는 색인데도 그리 주목을 받지 못하는 것이다.

색 이외에 다른 요소가 있기 때문일 것이다. 꽃은 그간 기나긴 겨울을 지나 날이 풀리면서 몸과 마음이 이완되고, 새로운 시작이라는 의미가 있다. 단풍은 찬바람에 잎새를 하나둘 떨구는 시기에 빨간색이 쓸쓸함을 더욱 자극한다. 이런 점과 더불어 꽃과 단풍의 가장 중요한 특징은 그 기간이 짧다는 것이다. 순식간에 지나가기에 더욱 관심이 집중된다. 푸른 잎 또한 2~3주의 짧은 시기에 끝난다면 마찬가지로 주목을 받을지도 모른다.

점점 짙어가는 녹음도 아름답게 보이지만 그렇게 간절하지는 않다. 오늘 못 봐도 또 볼 날이 많다는 안심감이 들기에.

이런 인간의 이기적인 마음에 아랑곳하지 않고 자연은 본업에 충실하며 녹음은 짙어만 간다.

Info

🌐 **영상 주소** https://tv.naver.com/v/5891278
🌐 **영상 제목** (일본여행) 교토 토후쿠지, 단풍명소

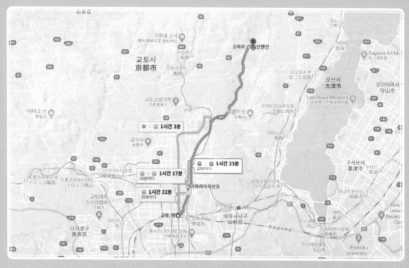

이끼와 공생하는

#오하라(大原) 마을

부모는 자녀에게 항상 말한다. 공부 잘하고, 부자이고, 착한 친구만 사귀라고. 그런 말을 들을 때마다 질문을 하고 싶어진다. 하나는 그 친구 부모의 입장은 어떨까? 하는 점이다. 내 아이가 공부도 못하고 가난하고 나쁜 성격이라면 말이다.

또 하나는 세상에 완벽한 사람이 있을까? 하는 점이다. 공부를 잘하면 가난하거나, 돈이 많으면 성격이 나쁘거나, 성격이 좋으면 공부를 못하거나, 누구나 다 좋은 점과 나쁜 점이 섞여 있게 마련이다. 물론 모든 게 완벽한 사람도 있겠지만 그런 사람도 잘 뜯어보면

뭔가 부족한 점이 드러난다. 부족한 게 없다면 완벽한 것 자체가 단점일지도 모른다.

　인간이란 다양한 특성의 집합체이기에 좋고 나쁨으로 판단할 수 없다. 외모, 성격, 행동, 지식, 언어, 재력, 능력, 취미 등 다양한 것들이 섞여 그 사람을 이룬다.

　자연도 마찬가지이다. 새로 시작하는 꽃도 아름답지만, 끝을 알리는 단풍도 아름답다. 울창한 녹음이 아름답기도 하고, 앙상한 가

지에 내려앉은 눈이 아름답기도 한다. 또한 이 모든 것들이 누군가에게는 외롭고 슬프게 다가오기도 한다.

　습하고, 어둡고, 음침한 느낌의 이끼, 쓸모없고 안 좋은 이미지의 이끼조차도 잘 뜯어보면 매우 이로운 식물이다. 틈새를 때워 한기를 막아주고, 5배 이상의 물을 머금어 홍수와 가뭄을 해소하며, 토양 침식과 유실을 방지하고, 새들에겐 둥지가 되어주고, 심마니에겐 산삼 보습제가 되어준다.

교토 북부지역에 이끼로 유명한 오하라(大原) 마을이 자리 잡고
있다. 가모강(鴨川) 위 줄기를 따라 산골짜기 마을이 쭉 형성되어
있는데 끄트머리쯤에 산젠인, 호센인, 잣코인 등 유서 깊은 절들이
있는 조용한 시골 마을이다.

산골, 마을, 절 이런 훌륭한 조건들이 어울려 한적하게 사색을
즐길 수 있는 최적의 장소로, 거기에 이끼까지 몫을 더해 분위기를
한껏 돋운다. 골짜기를 타고 끊임없이 흐르는 계곡물은 이끼를 더욱
싱싱하게 만들어주기에 싱그러운 녹색의 융단을 걸으며 산책하기
더없이 좋다.

오하라의 계곡물은 끊임없이 가모강(鴨川)으로 흘러간다. 그 물
이 모여드는 삼각주 인근 데마치야나기 역(出町柳駅)에서 시외버스

에 몸을 실으면 오하라(大原) 마을로 갈 수 있다. 마을로 다가갈수록 부산스러운 마음은 느긋해지기 시작한다. 절 입구는 계곡을 따라 예스런 상점들이 늘어서 있고, 길가 촉촉한 돌담 사이에는 어김없이 이끼들이 피어오른다.

산젠인(三千院)은 황족이 주지를 했던 절이라 몬제키(門跡)라는 이름이 덧붙는다. 다다미방과 툇마루에서 차 한잔 마시며 정원을 감상할 수도 있고, 야외로 나가 이끼로 포장한 야외정원을 거닐 수도 있다. 햇살 아래 곱게 단장한 이끼, 아기자기한 장식물, 몽글몽글 여물어가는 연둣빛 잎새까지 눈길이 닿지 않는 곳이 없다.

산젠인을 나와 그 옆으로 조금 더 올라가면 호센인(宝泉院)이 나온다. 안에는 역시 이끼 낀 조그만 정원이 있다. 이곳에는 유명한 것이 두 가지가 있는데, 700년 된 소나무와 물 떨어지는 소리가 들리는 대나무이다. 보기만 해도 오래된 위엄이 느껴지는 소나무, 정말

소나무인가 확인하게 만들 정도로 긴 세월이 피부를 변형시켰다. 빌 게이츠가 감동해 집에 설치했다는 물 떨어지는 대통(水琴窟)에 귀를 대어보면 청량한 소리가 귀를 정화시킨다.

버스 주차장 반대편으로 가면 또 하나의 골짜기와 절, 잣코인(寂光院)이 나온다. 산장 같은 느낌의 조그마한 절로 안에는 소담한 연못이 있고 그 안 바위에도 이끼가 자란다. 2000년에 화재로 불탄 천 년 이상 된 소나무, 불쌍하게 말라버린 이 소나무에도 이끼는 돋아난다.

이끼가 생기를 띠어갈수록 오하라(大原) 마을은 운치를 더해간다.

Info

🌸 **영상 주소** https://tv.naver.com/v/5891313
🌸 **영상 제목** (일본여행) 교토 오하라 – 산젠인, 호센인, 잣코인

부분이 전체를 이루는

#헤이안진구(平安神宮)

연예인에게 있어 이상형은 단골 질문이다. 처음에는 어떤 스타일을 좋아하느냐고 물어본 뒤 '이성의 어느 부분을 보느냐?'라고 질문을 구체화한다. 인기 있고 멋진 그들의 이상형에 팬들은 귀를 쫑긋거릴 수밖에 없다.

과연, 그들의 대답에 의미가 있을까? 그들처럼 잘생기고 예쁘고 인기 있는 스타가 일반인과 어울릴까라는 의구심과 더불어, 과연 우리 인간에게 이상형이라는 게 존재할까라는 원초적인 의문이 든다.

'이상형이 뭐야?'라고 내게 묻는다면 난 답을 못 할 것이다. 과연

나는 어떤 여자를 좋아하는지 도통 모르겠다. 기어코 답을 하라고
하면 예쁘고 착한 여자가 좋다고 답할 것이다. 더 구체적으로 말하
라면 얼굴은 귀엽고, 몸매는 날씬하며, 성격이 좋은 여자가 좋다고
말할지도 모르겠다.

　이성을 찾을 때 이상형을 염두에 두거나 이성의 특정 부위를 중
요시해 거기에 걸맞은 이성을 찾거나 하는 경우가 있을까! 일상에
서 벌어지는 남녀 간의 만남이란 전체적인 분위기에 이끌리는 건
아닐까?

　연예인에게 '이성의 어디를 가장 먼저 보세요?'라는 질문도 방송의 재미를 위해 하는 것일 것이다. 단골 질문이므로 그들도 예상 질의처럼 미리 답을 준비해갈 것이다. 답을 못 하거나 어정쩡한 답을 한다면 인터뷰가 매끄럽지 못하거나 생각 없는 사람으로 인식되거나 MC에게 핀잔을 들을 수 있기 때문이다.

　상대를 볼 때 어느 한군데를 보는 게 아니다. 전체적인 분위기에 끌리고 만나면서 좋아하게 되고 사랑에 빠지게 되는 것이다. 사람은 눈, 코, 입, 팔, 다리, 성격 등 하나씩 뜯어보면 제 나름대로의 특성과

느낌은 있겠지만 결국 그 모든 부분들이 한데 어울려 전체를 구성할 때 비로소 그 사람이라는 존재가 되는 것이다.

자연 또한 한군데씩 나눠보면 그 나름의 느낌은 있다. 그 자체로 아름답기도 하고, 약간 부자연스러운 미완의 느낌이 나기도 한다. 결국 그 하나하나가 모여 전체를 이루었을 때 자연은 완성되는 것이다. 하나하나가 모두 제 역할을 하는 중요한 부분들이므로 어느 것은 취하고 어느 것은 버린다면 자연의 법칙에 어긋나는 것이다.

헤이안진구(平安神宮)에는 신사를 둘러싼 네 개의 연못으로 이루어진 신의 정원이 존재한다. 각각의 정원을 거닐며 부분들에 심취해 하나하나 느껴보는 것도 나쁘진 않다. 새, 물, 꽃, 잎, 돌, 이끼 모두 느낌이 있다. 그러나 그것들이 어울려 정원이라는 전체를 이루었기에 그곳은 아름다운 것이다. 부분은 전체를 위해 존재한다.

Info

🌸 **영상 주소** https://tv.naver.com/v/8028243
🌸 **영상 제목** (일본여행) 신의 정원(ft. 교토 헤이안진구)

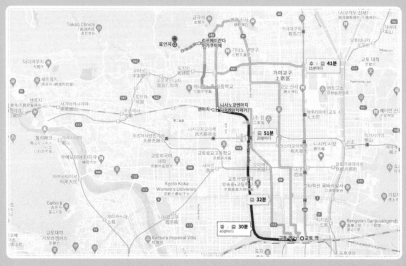

짓궂은 신의 장난

#료안지(龍安寺)

회사에는 두 종류의 부하가 있다. 상사의 의도를 잘 파악하는 부하와 그렇지 못한 부하이다. 상사는 일 잘하는 부하보다 자기의 말을 잘 알아듣는, 즉 눈치 빠른 부하를 원한다. 일 잘하는 부하는 같은 월급쟁이로서 썩 좋진 않다. 일은 그럭저럭 하고 자기의 의도를 잘 파악하는 부하가 함께 일하기에는 제격인 것이다.

학생 시절 국어 시험에는 꼭 이런 문제가 있었다. '밑줄 친 말이 의도하는 것은?', '시'에서는 은유법이라고 한다. 작가는 자기가 하고 싶은 말을 직접적으로 하지 않고 꼭 돌려 말했다. 특히 시대적 배

경이 일제강점기 등 시대상황과 겹칠 때는 더욱 그렇다. 그런 상황을 모르면 문맥 속 작가의 의도 파악에 애를 먹고 결국 엉뚱한 답을 내놓는다.

상사의 의도뿐만 아니라, 애인, 친구, 고객, 남편, 아내, 부모, 자식의 의도를 잘 파악한다면 세상은 살기 쉬워진다. 그걸 잘하는 사람과 못하는 사람의 차이는 크다. 의도를 잘 파악하는 눈치 빠른 사람은 일도 쉽게 처리하고 대인관계도 좋다.

료안지(龍安寺)는 나무나 풀이 전혀 없는 모래와 돌로만 구성된 정원으로 유명한 절이다. 특히 정원에 놓인 돌의 개수를 둘러싼 수수께끼가 논쟁거리로, 15개의 돌을 배치했는데 어느 방향에서 보든 14개로만 보이기 때문이다. 분명 설계자의 의도가 담겨 있을 터이다.

석정(石庭)은 무로마치 말기 유명한 선승이 만들었다고 전해진다. 연못을 사용하지 않고 돌과 모래로만 자연풍경을 표현한 일본식 정원 양식이며, 가레산스이(枯山水), 즉 물이 없는 정원이라 한다. 정원 앞에 앉은 관광객들, 모두 갸우뚱하며 돌의 개수를 세기에 바쁘다.

돌 배치에 대한 여러 가지 설(① 호랑이가 새끼를 데리고 강을 건너는 모습, ② 七五三을 의미)이 있지만 작자미상이므로 정확한

의미는 아무도 알 수 없다. 어차피 답은 없기에 나만의 의도를 설정해본다. 아무 곳에나 앉아서 세어보면 언제나 14개, 한참을 멍하니 보다가 눈을 감고 세어본다.

진실은 눈에 보이지 않고 마음으로만 볼 수 있다. 진실은 15개이지만 보이는 건 14개이다. 그러나 눈을 감고 마음속으로 세어보면 15개를 모두 볼 수 있다. 왼쪽부터 5개, 2개, 3개, 2개, 3개의 잔상을 머릿속에서 떠올리며 세면 된다.

진실은 피상적인 시각으로는 볼 수 없으니 마음으로 다가가라는 작가의 의도일지도 모른다. 인생에도 수많은 진실이 숨겨져 있

다. 어찌 보면 신은 짓궂다. 언제나 진실을 감춰놓는다. 인간은 그것을 찾으려고 무단히 노력한다. 그리고 신은 인간이 그것을 못 찾거나 틀리는 것을 즐긴다. 신이 인간보다 뛰어나다는 것을 알려주기 위해서이다.

눈치가 빠르다면 답을 일부러 틀려야 한다. 그래야 신은 기뻐할 것이다.

Info

🐾 **영상 주소** https://tv.naver.com/v/13932731
🐾 **영상 제목** (일본여행) 교토 료안지(龍安寺) – 15개 돌의 비밀

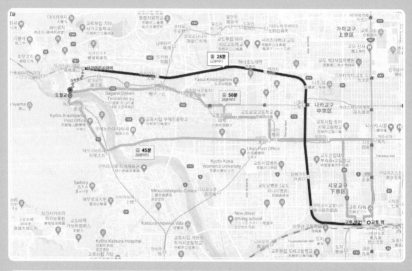

폭풍의 눈은 고요한

#아라시야마(嵐山)

가끔은 어려운 외국어를 쉽게 외우는 경우도 있다. 아라시(嵐:あらし)의 멤버인 마츠모토 준(松本潤)이 출연했던 '꽃보다 남자(花より男子)'는 내가 가장 처음 본 일본 드라마였다. 그래서인지 '아라시'라는 단어는 가장 빨리 외운 단어였다. 우리말로 번역하면 '폭풍'인데 폭풍은 태풍에 비해 조금 약한 바람을 말한다. 세계기상기구(WMO)는 중심 최대풍속이 33m/s 이상을 태풍이라 하고 그 이하(25~32m/s)를 폭풍이라 정의했다.

높은 산과 협곡의 강으로 이루어진 아라시야마(嵐山), 번역하면

'폭풍의 산'이다. 그 이름이 생긴 유래는 크게 두 가지 설이 있다. 하나는 이곳에 많은 벚나무, 단풍나무의 벚꽃과 단풍잎이 바람에 세차게 흩날리는 모습에서 유래했다는 설이다.

또 하나는 일본에서 가장 오래된 역사서인 일본서기(日本書紀)에 의하면 이 지역은 강이 자주 범람해 토사가 유입되어 옛날부터 비옥한 땅이라는 의미인 '우타아라스다(歌荒樔田)'라고 불렸는데, 그 '아라스'라는 이름이 변해 '아라시야마(嵐山)'가 되었다는 설이다.

흩날리는 꽃잎과 단풍, 범람하는 강물, 어느 쪽이든 폭풍과 관련이 있다. 그리고 그 거센 이미지와는 다르게 전체 넓이의 10% 정도에 해당하는 '눈'이 존재하고 그곳은 매우 고요하고 조용하기 그지없다.

아라시야마(嵐山)는 옛날 헤이안시대 귀족의 별장지였기에 산과 강이라는 기본적인 아름다운 자연환경으로 구성되어 있고 그 안에는 절, 신사, 정원, 료칸 등이 세팅되어 있는 거대 관광단지이다.

'폭풍'이라는 이름에 걸맞지 않게 그 안으로 들어가면 들어갈수록 고요함이 숨어 있다. 도로나 도게츠교는 제법 시원한 바람도 불고, 수많은 관광객들과 차량으로 북적이지만 중심으로 들어가는 순

간 마치 폭풍의 눈처럼 고요한 정적이 흐른다.

아라시야마(嵐山)를 대표하는 도게츠교(渡月橋)는 너무나 유명해 다리가 무너질 정도로 사람들의 통행이 많다. 도게츠교를 기준으로 상류를 오오이강(大堰川)이라 하고 하류를 카츠라강(桂川)라 한다. 다리에서 바라보는 강의 절경은 정말 끝내준다.

일 년 내내 수많은 관광객으로 붐비는 아라시야마(嵐山), 그곳에는 시끌벅적함과 고요함이 공존한다. 그곳에 담기니 내 가슴속에도 폭풍이 인다.

Info

🎞 **영상 주소** https://tv.naver.com/v/13932734
🎞 **영상 제목** (일본여행) 아라시야마 치쿠린(嵐山竹林)

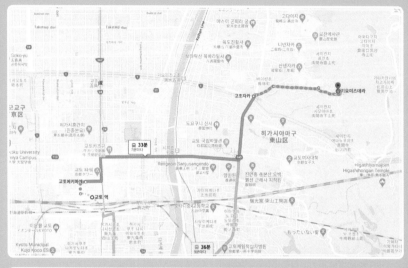

생각을 바꾸게 한

~~~~~~

#청수사(清水寺)

"사장님, 청수사(清水寺) 공사 중이라면서요?"

"네…."

"그럼, 가도 별 볼 일 없겠네요."

나의 푸념에 이은 주인장의 말이 나를 번뜩 정신 차리게 만들었다.

"그래도 한번 가보세요. 50년 만에 하는 보기 드문 공사이니 그것도 볼만한 가치가 있지 않을까요!"

교토 유학을 위해 사전답사를 와서 처음 가본 곳 중 하나가 청수사(清水寺)였다. 아무런 정보도 없었던 터라 인터넷으로 알아보

니 교토를 대표하는 곳이라면 누구나 청수사(清水寺)를 꼽았다. 전통적인 목조건축물이 가로수를 이루듯 아기자기하게 양쪽으로 늘어선 니넨자카와 산넨자카, 그 언덕을 따라 올라가다 보면 펼쳐지는 나무 기둥으로 떠받친 본당의 모습은 너무나 인상적이었다. 청수사(清水寺)를 배경으로 슬며시 보이는 교토타워와 시내를 담은 컷은 교토를 대표하는 홍보물 메인 사진으로 자리 잡았다.

청수사(清水寺)는 연중 관광객들이 몰린다. 단풍 시기에는 라이트업까지 더해 밤낮없이 사람들로 붐빈다. 청수사(清水寺)로 올라가는 교토를 대표하는 고풍스러운 골목길은 기모노를 차려입은 관광객들, 수학여행 온 학생들, 참배 온 현지인들, 웨딩촬영 온 예비부부들로 언제나 한가득 넘친다.

　좋은 인상을 지녔기에 유학 중에도 몇 번이고 갔었다. 가족들과도 가고, 한국에서 지인이 왔을 때도 가고, 계절별로 색다른 모습을 보러도 가고, 라이트업이나 천일참배 때에도 가곤 했다. 그렇게 몇 번을 가봤던 청수사(淸水寺)를 유학이 끝나기 전 마지막으로 가던 날, 공사 중이라는 소식은 이미 들은 터라 기대감 없이 도착해 인근 스시집에서 점심을 먹다가 실망 섞인 말투로 던졌던 질문에 대한 명쾌한 답이었다.

'50년 만의 청수사(清水寺) 본당 수리'가 공사 제목이었다. 화재로 소실된 청수사(清水寺)를 1633년 재건한 이래, 1967년 첫 번째 공사를 거쳐 2017년은 50년 만에 두 번째 공사를 시작한 것이다. 청수사(清水寺)를 대표하는 낡은 지붕을 교체하고 벽면 도색을 해야 하기에 본당은 철조망으로 빼곡히 둘러싸여 보이지도 않았다. 그래도 본당 안에는 들어갈 수 있다고 하니 아쉽지만 니넨자카와 산넨자카를 구경할 겸 마지막으로 청수사(清水寺)를 보러 가던 참이었다.

그렇구나! 일반적인 청수사(清水寺)의 모습은 언제나 볼 수 있지만 몇십 년 만에 한 번 하는 공사 모습은 그리 쉽게 볼 수 없는 일이지. 마치 일식이나 월식처럼 살아생전 보기 드문 광경 중 하나인 것이다. 부정적인 생각이 긍정적으로 바뀌자 갑자기 청수사(清水寺)가 보고 싶어졌다. 역시 모든 일은 생각하기 나름이다. 생각에 따라 행동이 달라진다.

Info

◉ **영상 주소** https://tv.naver.com/v/5891031
◉ **영상 제목** (일본여행) 공사중에도 빛나는 청수사

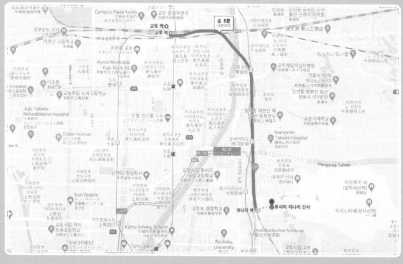

얼떨결에 등산하는

〰〰〰〰〰〰〰〰〰〰〰〰〰〰〰〰〰〰〰〰〰〰〰

#후시미 이나리(伏見稲荷)

관광지가 아닌 현지 식당에 들어가면 주문이 망설여진다. 대부분 요리 사진이 없기에 어떤 요리인지도 모르고 종류도 많아서 선택하기가 어렵다. 어쩔 수 없이 추천메뉴(おすすめ)를 물어보고 결정하게 된다.

외국뿐만 아니라 요리의 종류를 아는 국내에서도 음식 종류가 많을 경우는 고르기가 애매하다. 그런 식당은 맛집이 아닐 확률도 크다. 메뉴 종류가 많은 분식집의 경우만 보더라도 먹고 싶은 음식을 싸게 먹을 수 있다는 장점은 있지만 고퀄리티는 아니다. 진정한 맛집이란 단품 또는 몇 가지의 한정 메뉴로 승부를 하는 곳이다.

즉 어느 식당에 들어가서 메뉴를 보고 무엇을 먹을지를 고르고 있다면 일단 그 집은 맛집이 아니라는 말이다. 맛집은 특징 있는 한 가지 메뉴가 분명히 존재하기 때문이다.

관광지 또한 딱 눈에 띄는 특징이 있어야 한다. 누군가에게 소개할 때, '거기 뭐가 좋은데?'라는 질문에 단번에 특징을 설명해야만

그는 그곳에 갈 것이다. 교토를 예로 들면 건물에 금도금을 한 금각사(金閣寺), 대나무 숲길로 유명한 치쿠린(竹林) 등 특징적인 테마가 있을 때 관광객의 발길을 끌게 된다.

후시미 이나리가 바로 그런 곳이다. 특징으로 친다면 빠질 수 없는 곳이다. '천 개의 토리이(鳥居)가 있는 곳'이라고 단번에 말할 수 있고 붉은색의 토리이(鳥居) 아래를 지나가는 낭만적인 연출이 가능한 곳이기에 누군가에게 자신 있게 추천할 수 있는 곳이다. 게다가 교토 역에서 가깝고, 입장료가 무료이며, 하루 종일 개방하기에 관광객들이 끊임없이 몰려드는 곳이다.

　'후시미 이나리'는 여우신이 아니라 풍년, 번영, 안전 등의 수호신인 '이나리노카미'라는 신을 모시고 있다. 이곳에 여우상이 많은

것은, 여우가 이나리노카미의 심부름꾼으로 인간과 신을 연결해주
는 매개체라 믿기 때문이다. 본전 뒤편에 이나리야마라는 산이 있는
데 그 산을 올라가면 정상까지 등산로처럼 참배길이 나 있고 그 길
을 따라 토리이(鳥居)가 빽빽이 세워져 있는 구조로 되어 있다.

즉, 수많은 토리이(鳥居)들이 놓인 등산로를 따라 정상을 돌아
오는 코스이다. 중간중간 작은 신사들이 있고, 정상에 다다르면 교
토 시내를 훤히 내려다볼 수 있는 전망대도 있다. 후시미 이나리에
있는 토리이(鳥居)는 약 만 개 이상인데 그중에서 사람이 지날 수
있는 토리이(鳥居)는 3천 개 정도라고 한다.

 '천 개의 토리이(鳥居)'라고 잘못 알려진 것은, 참배길 중 두 갈
래로 갈라진 '천 개의 토리이(千本鳥居)'라는 명칭 때문이다. 토리
이(鳥居)를 세우고 그 밑을 지나가게 된 것은 '토리이(鳥居)를 통과
하면(通ずる) 소원이 통한다(通る)'는 데서 유래되었다고 한다. 앞
쪽에는 봉납이라고 쓰여 있고, 뒤쪽 오른쪽은 세운 날짜, 왼쪽에는
봉납자가 새겨져 있다.

 번영과 성공을 비는 수많은 봉납자들의 기원들이 담긴 토리이

(鳥居)의 평균가격은 200만 원으로 3천 개를 계산해보면 6조 원이나 된다. 그래서 입장료를 안 받는지도 모르겠다. 토리이(鳥居)는 나무로 만들기 때문에 4~5년 지나면 썩어서 뽑고 그 빈자리에 새로운 봉납자의 소원을 세운다. 200만 원짜리 토리이(鳥居)를 5년 동안 세워놨다고 하면 하루에 천 원 정도인데 매일 커피 한 잔 마시는 돈으로 5년간 소원에 투자하는 셈이다.

수많은 소원들이 쌓인 토리이(鳥居)를 한 바퀴 도는 데 2시간 정도 걸리는 등산이기에 현지인들은 운동화, 물, 도시락 등 등산 준비를 하고 오지만, 관광객들은 준비 부족으로 결국 중간쯤에서 돌아가고 만다.

누군가 후시미 이나리의 특징을 물어본다면 난 자신 있게 대답할 것이다. '거긴 등산하는 곳이야.'

Info

🌸 **영상 주소** https://tv.naver.com/v/5891272
🌸 **영상 제목** (일본여행) 끝도 없는 붉은 토리이 터널

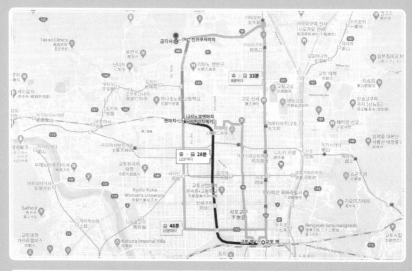

감성을 자극하는

#금각사(金閣寺)

'나 가거든'을 들으면 울컥해진다. 1895년 을미사변의 주인공인 '명성황후', 조수미의 소프라노 음색과 어울려 가슴 시린 가사가 가슴속 깊이 전달된다. 1900년 고종은 을미사변으로 살해된 대신들과 호위장졸들의 넋을 위로하기 위해 장충단이라는 사당을 짓고 제사를 지냈다. 10년 후인 1910년 일제에 의해 장충단은 폐지되고 공원으로 바뀌게 된다. 그리고 1967년 가수 배호는 '안개 낀 장충단공원'이라는 제목으로 노래를 발표하게 된다.

을미사변, 사당, 공원으로 이어지는 역사 속의 장충단, '나 슬퍼

도 살아야 하네.' '수많은 사연에 가슴을 움켜쥐고 울고만 있을까'라
는 가사들이 가슴을 뭉클하게 한다. 거기에 장충단 앞에 '안개 낀'이
라는 수식어가 붙어 더욱 정서를 자극한다.

이처럼 지명 앞에 수식어를 붙여 우리의 감성을 자극하는 경우
가 더러 있다. 특히 관광지의 경우는 그 특징을 어필하기 위한 수단
으로 활용된다. 교토도 마찬가지로 '벚꽃 날리는 철학의 길(哲学の
道), 단풍 사이로 달리는 노면전차, 안개 자욱한 노천탕, 새벽녘 고
요한 치쿠린, 야경에 물든 니넨자카' 등 설렘을 자극하는 수식어를
붙여 관광객을 이끈다.

   그중 교토를 대표하는 금각사(金閣寺)의 경우는 수식어가 필요 없다. 금빛으로 찬란한 금각 자체가 상징이기 때문이다. 금이라는 특성상 시기적 제약도 없기에 연중 관광객들이 몰려드는 곳이다. 여느 곳과 마찬가지로 법당과 그곳을 둘러싼 나무, 꽃, 돌, 연못으로 구성된 절이지만 금을 입힌 법당 하나 때문에 다른 모든 것들이 묻혀버린다.

   금각사(金閣寺)에 도착하면 특이한 입장권에 신기해하다가 입구에 들어서자마자 보이는 찬란한 금각사(金閣寺)에 감탄한 후 정원을 돌아 나오는 단순한 구성이다. 연못과 정원은 금각의 강한 여운에 그냥 지나쳐버리게 되고 만다.

   그렇게 수식어가 필요 없는 금각사(金閣寺)였는데, 언젠가 '눈

내리는 금각사(金閣寺)'라는 제목의 사진을 본 후 내 마음은 채워지지 않은 빈자리가 줄곧 남아 있었다. 그곳을 메우고 싶었지만, 좀처럼 눈이 드문 교토의 특성상 한동안 잊고 살다가 모처럼 교토에 눈이 온다기에 문득 그 정서가 용솟음쳤다. 지역적 특성으로 드물게 내리는 교토의 눈, 분명 놓칠 수 없는 기회였다.

출발할 때까지 내리던 눈이 금각사(金閣寺)가 가까워지자 그치기 시작했다. 게다가 햇볕까지 나기 시작했다. 내린 눈까지 녹을까봐 걸음을 재촉하고, 드디어 눈이 살포시 얹힌 금각사(金閣寺), 황금빛이 더욱더 찬란한 그 모습을 맞이했다. 숙제로 남길지도 몰랐던 '눈 내리는 금각사(金閣寺)'를 하염없이 바라보며 묵은 정서를 원 없이 풀었다.

Info

🌸 영상 주소 https://tv.naver.com/v/13932736
🌸 영상 제목 (일본여행) 교토 금각사(金閣寺) - 눈부시게 찬란한 금각

제4장

숨겨진 이야기가 담긴

교토의 축제

한 달간의 도심 축제

#기온마쓰리(祇園祭)

한국에도 전통행사가 많다지만 그다지 구경한 적은 없었다. 현대인을 대상으로 전통행사를 관광 상품화하는 것은 별 효과가 없을 것이라 생각했다. 차라리 놀이기구나 스파 등 현대식 시설을 만드는 게 더 관광객을 끌지 않을까 생각했었다.

우물 안 개구리의 짧은 소견이었다. 우리는 다른 지역으로 여행을 가고, 다른 지역 사람들은 우리 지역으로 여행을 온다는 단순한 논리를 잠시 잊었었다. 우리는 우리 주변에도 있는 산, 나무, 물, 연못, 절 등을 보러 일부러 다른 곳에 간다. 익숙하지 않은 낯선 곳으

로의 동경이다.

　우리에겐 관심 없는 전통행사도 마찬가지다. 다른 지역 사람들에게는 흥미 있는 테마가 될 수도 있는 것이다. 즉 우리가 다른 지역으로 가면 그곳의 전통행사에 관심을 갖게 되고 흥미를 느끼게 된다. 거기에 갔다 왔다는 인증 샷을 남기기 위해서라도 보게 된다.

교토 유학 중 가장 유명한 축제인 기온(祇園)마쓰리에 당연히
흥미가 생겼고 일본 지인들에게 궁금한 것들을 물어보기 시작했다.
당연히 그들은 별 관심이 없고 마쓰리 기간이 다가오면 오히려 그
날의 번잡을 피해 다른 곳으로 여행 갈 계획을 세우기에 바빴다.

그들에게 기온(祇園)마쓰리에 대해 물어보면 대략적인 일정은
알아도 세세한 것은 모르고, 좋은 스팟 지역을 알려달라면 우물쭈물
한다. 어렸을 때나 부모 손에 이끌려 몇 번 가보곤, 어른이 되어서는
거의 가지 않았기 때문이다.

기온(祇園)마쓰리는 교토 3대 마쓰리 중 하나이며, 일본 3대 마
쓰리에도 속한다. 다른 마쓰리와는 달리 기온(祇園)마쓰리는 7월 한
달 내내 열린다는 특징이 있지만, 주요한 행사는 '야마보코쥰코'라
는 차도를 막고 도로를 이동하는 '수레행진'과 3일 전부터 이뤄지는
'전야제'이다.

기온(祇園)마쓰리의 야마보코쥰코는 교토에서 가장 번화가인
'시죠도오리'라는 큰길을 따라 대략 3km 정도 신을 모신 수레들이 2
회 행진을 하는데, 1회(사키마쓰리)는 23개, 2회(아토마쓰리)는 10개
가 이동한다. 3일 전부터 수레를 시죠대로(四条通り) 인근의 골목길
마다 세워놓고 요이야마라는 전야제를 하기도 한다.

　수레를 골목길 한가운데 세워놓기 때문에 골목길마다 차량통제를 하므로 걸어 다니며 구경하기에 더욱 좋다. 수레 주변에서는 야마보코에 태울 신들을 전시하여 관람시키고, 기온(祇園)마쓰리와 관련된 상품을 판매한다. 그중 치마키(ちまき)는 대나무로 엮은 액막이 장식품인데, 유효기간을 1년으로 정한 탓에 사람들은 매년 새로 구입해서 집 현관에 걸어놓고 무병장수를 기원한다.

　비교적 큰 수레는 주택 2층과 연결해놓고 수레에 타는 체험(拜観)도 제공한다. 관광객들도 많이 이용하고, 특히 유치원생들이 전통행사 체험 차원으로 단체관람을 한다. 낮에 수레들을 돌아다니며 보는 것도 좋지만, 저녁에는 수레에 걸어놓은 제등(提灯)의 불빛과 주변 포장마차들로 인해 야경이 볼만하다.

　요이야마 중 사키마쓰리 바로 전날 밤은 시죠도오리에 차량을 통제하고 사람들만 통행시키는 '보행자천국'이라는 행사를 한다. 어마어마한 인파와 더위로 보행자천국에서 지옥을 경험하므로 교토 시민들은 절대로 가지 않는다.

　가장 하이라이트인 수레행진(사토마쓰리)은 시죠도오리보다는 끝 지점인 오이케도오리 쪽이 비교적 넓고 한산해서 구경하기에는 좋다. 길 양옆에는 몇 달 전부터 예약한 좌석이 마련되어 있다. 9시부터 2~3시간 정도 오전 중에 행진이 이루어지는데, 시간이 가까울수록 사람들이 점점 늘어난다.

수레가 등장하는 순간, 수많은 카메라의 셔터가 터지며 반짝거린다. 첫 번째 수레가 가장 크고 화려하며 끄는 사람들도 많다. 가끔씩 행진 중간중간 예약석 앞에서 시간을 지체하며 포토타임 겸 관중 서비스를 해준다. 그 시간을 이용해 수레를 끄는 사람들은 물을 마시면서 휴식을 취하기도 한다.

수많은 취재진과 경찰들이 동원되어 행사가 진행된다. 대부분 관람객들은 경찰관과 진행요원의 말을 잘 따르며 비교적 질서정연한 느낌이다.

　수레들은 행진이 끝나면 안 좋은 기운을 없애기 위해 바로 해체한다. 수레는 못을 사용하지 않고 조립하므로 만들 때는 시간이 오래 걸려도 해체할 때 금방 끝난다.

　초기에는 역병을 없애고 무병장수를 기원하며 시작했던 마쓰리가 이제는 수많은 관광객들을 끌어모으는 축제가 되었다. 그 의미는 바뀌었지만, 교토는 마쓰리를 끊임없이 이어가고, 각국의 관광객들을 불러 모아 함께 축제를 즐긴다.

　교토의 7월은 매우 덥다. 살인적인 더위이다. 그 기온은 기온(祇園)마쓰리에 몰린 수많은 사람들의 열기로 인해 더욱 높아진다.

-기온마쓰리(祇園祭)-

'콩콩치키칭콩치키칭(コンコンチキチンコンチキチン)'
귓가를 맴도는 기온(祇園)의 음악 소리(お囃子).
교토는 이 소리로 여름을 시작한다.
내리쬐는 땡볕 아래 연신 땀방울을 훔치며
골목마다 높디높은 가마(山鉾)를 세우기 시작한다.
마을마다 고유의 신(神)을 태우고
귀중품을 장식해 화려함을 더해간다.
치마키(ちまき)와 부채를 파는 어여쁜 여인은
하루 종일 더위 속에서도 미소를 잃지 않는다.
밤이 내리면 휘영청 밝은 제등(提灯)에 둘러싸여
가마는 조명으로 더욱 화사해진다.
가마를 구경하기 위해 모인 수많은 인파로
교토의 여름은 점점 달아오른다.
도심 대로는 폭염 속에 더욱 달궈지고
얇은 신발의 건장한 젊은이들이 가마를 끌어당긴다.
'영차(エンヤラヤー)' 구호 소리와 몸짓에
가마는 힘없이 끌리고 행렬(山鉾巡行)이 시작된다.
핸들이 없는 가마는 대나무와 물에 의지해

몇 번의 비틀림을 당하고서야 힘겹게 방향(辻回し)을 튼다.
어깨에 올라탄 아이들과 유카타의 여인들은
화려한 가마행렬을 추억 속에 담아간다.
행사에 동원된 수많은 경찰들은
관중들을 위해 기꺼이 허리를 숙인다.
미리 예약한 관람객들은 모자 하나에 의지해
그늘 한 점 없는 자리를 몇 시간째 지킨다.
'움직이는 미술관(動く美術館)'을 담기 위해
카메라맨들은 연신 셔터를 눌러댄다.
가마 지붕에 올라탄 이들은 아찔함 속에서도
환호하는 관중들에게 반갑게 손을 흔들어준다.
한 바퀴 돌아온 가마를 맞이하는 여인네들은
가장 예쁜 옷으로 치장을 하고 수고를 격려한다.
사람들의 액운과 소원을 담은 가마는
할 일을 다했다는 듯 외로이 해체되어 간다.
수많은 군중의 열기와 환호로 달궈진 교토,
무더위 속에서 그들은 꿋꿋이 전통을 짊어진다.

통일을 꿈꾸게 하는

#지다이마쓰리(時代祭)

세계사를 보면 나라별로 왕이나 지도자 등 주요 인물이 시대를 결정지었다. '~시대'라고 기록되며 역사는 흘러왔고 지금에 와서는 어느덧 고유 국가명이 자리를 잡았다. 우리나라는 삼국시대, 통일신라시대, 고려, 조선시대를 거쳐 대한민국에 이르렀다.

일본도 '나라'에서 '헤이안(교토)'으로 수도를 옮기면서(794년) 본격적인 천황의 시대가 열렸다. 그 후 메이지유신(1868년)까지 1,100여 년간 천황이 거주하던 교토가 중심이었다. 천황시대였지만 실세는 사무라이의 우두머리인 쇼군(장군)이었다. 쇼군의 등장에

따라 가마쿠라, 무로마치, 에도막부로 나눠지다가 메이지유신과 제2

차 세계대전을 거치면서 '일본'이라는 국가명이 정착되었다.

　세계적으로 아직 자리가 잡히지 않은 몇 개국을 제외하고는 국

호는 어느덧 자리매김했다. 미국, 영국, 프랑스, 중국, 일본 등 각국
별로 더 이상의 다른 시대로의 변화는 없을 분위기이다.

　그러나 또 하나의 시대가 남아 있는 국가가 있다. 바로 대한민
국이고, 통일 이후의 시대가 아직 남아 있다. 통일 후 국호가 어떻게
될지는 모르겠지만, 역사에는 어떠한 형태로든 통일 이전과 이후의
대한민국으로 구별할 것이다.

헤이안시대부터 메이지유신 이전까지, 즉 교토가 수도였던 1,100여 년간의 시기를 시대별로 표현하는 축제인 '지다이마쓰리(時代祭)'가 열렸다. 지다이마쓰리는 천황이 거처하던 '고쇼'에서 천년 고도를 기념하기 위해 세운 '헤이안진구(平安神宮)'까지 약 4km를 3시간 정도 행렬하는 축제이다. 스타트 지점인 고쇼에서 행렬이 출발하는데 전부 빠져나가는 데만 2시간 정도 걸리는 제법 큰 규모의 행사이다.

지나간 시대를 기억하며 열리는 축제가 부러우면서도 한편으로는 새로운 시대가 아직도 남아 있는 우리나라에 희망을 품어본다. 통일 후에는 백두산과 한라산을 잇는 행사가 생길지도….

자신에게 비는 소원

#하츠모오데(初詣)

시골집 배 과수원 한쪽에는 할아버지 묘지가 있다. 설날과 추석이 되면 아침을 먹고 반드시 들르는 장소였다. 기독교를 믿는 우리 가족은 성묘 대신 묘지 앞에 나란히 서서 간단히 기도를 드렸다.

나이가 들어 묘지 앞에 섰을 때는 감사 인사와 소원을 섞은 말을 속으로 웅얼거리며 묵념을 했지만, 어렸을 때 부모님을 따라가 묘지 앞에 섰을 때는 아무 생각도 없었다. 옆 사람 눈치를 보며 고개를 숙였다가 들었을 뿐이었다. 할아버지 얼굴은 기억이 났지만 묵념할 때 무슨 말을 해야 할지 몰랐기 때문이다.

교토에 아이들을 데리고 유학을 왔다. 교토 마을을 돌아다니다 보면 오지조상(お地蔵さん)이라는 수많은 불상들이 놓여 있다. 나라시대 인도에서 건너온 지장보살(地蔵菩薩)이 유래인데, 가정과 마을의 안전을 지켜주는 불상으로 유명하다. 아이들을 지켜준다 하여 집이나 마을 앞에 많이 놓여 있다.

외국에서 생활하다 보니 아이들의 안전이 최우선인지라 언제부턴가 그 앞을 지나가게 되면 인사를 드리게 되었다. 처음에 뭐라 인사해야 할지 몰라 그냥 간단히 고개만 숙이고 지나가다가 아무래도 실체가 있는 말로 표현하고 싶어 소원이 담긴 문장을 만들었다.

현지어로 해야 할 것 같아 일어로 했지만 다분히 한국적인 어휘로 '우리 가족의 안전, 건강, 행복을 잘 부탁합니다(私の家族の安全と健康と幸せをお願い致します)'라고 했다. 그 말을 들어주셨는지 나와 아이들은 무사히 일본 유학을 마치게 되었다.

생각해보면 소원을 빌러 가서 말은 의미가 없을지도 모른다. 교회, 절, 신사라는 종교시설에 간다면 굳이 말을 안 해도 신은 모든 걸 다 아실 것이다. 진정 신이 있다면 당연히 그럴 것이다. 굳이 말로 한다 치더라도 모국어이든 외국어이든 틀린 문법이든 신은 다

이해할 것이다. 전지전능한 존재이기 때문이다.

일본 신사에는 에마(絵馬)라고 하여 소원을 적는다. 거기에는 일반적으로 '~하도록(~ように)'이라고 끝을 맺는다. 예를 들면 '가족 모두 행복하길(家族皆幸せになるように)'이다. 그 뒤에 생략된 말을 유추한다면, '~하도록 (도와주세요)'와 '~하도록 (열심히 하겠습니다)' 두 가지가 모두 가능하다.

　신의 존재 유무를 확신할 수 없으므로 여기저기 걸치는 것이다. 신에게 부탁하는 말과 나에게 다짐하는 말, 두 가지 경우의 수를 다 염두에 두고 소원을 비는 것이다.

　일본에서는 새해가 밝으면 인근 신사에 가서 소원을 빈다. 하츠 모오데(初詣)라고 하는데 우리나라로 치자면 새해 성묘이다. 유학 하면서 매년 집에서 가장 가까운 기타노 덴만구(北野天満宮)를 찾 아 본전 앞에서 소원을 빌었다. 물론 나도 신의 존재를 의심하기에 경우의 수를 모두 노렸다.

　'家族皆が健康で幸せで無事に過ごせますように…(가족 모두 건강하고 행복하게 무사히 지낼 수 있도록…).'

귀신을 쫓는

절분제(節分際)

지구상에 존재하는 무수한 생명체 중에서 인간이 가장 영리하고 가장 강한 존재라고 자부한다. 다른 모든 생물들을 지배하고 있기 때문이다. 그러나 '쥬라기 공원'에서 보았던 거대한 몸집의 공룡 앞에서 인간은 너무나 미약한 존재였다. 성난 공룡들 사이에 방치된 인간들은 그저 공룡의 먹잇감에 지나지 않았다.

실제로 존재하지는 않지만 '진격의 거인'이라는 애니메이션의 거인들 앞에서도 인간은 그저 파리 목숨에 지나지 않았다. 그나마 두뇌가 있기에 높은 성곽을 쌓아 방어는 했지만 거인들 공격에 무서워 벌벌 떨며 하루하루를 버겁게 살아가는 존재에 불과했다. 인간과 비교하여 어느 정도 크기의 생명체는 인간의 지능으로 제압이 가능하나, 상상을 초월하게 큰 존재 앞에서는 인간도 무릎을 꿇어야만 했다.

시간이 흘러 지구상의 공룡들은 모두 멸종했다. 인간에 의해 뼛조각들로 맞춰져 박물관에 전시되어 있을 뿐이다. 반면, 공룡보다 월등히 작았던 인간이나 미미한 벌레들은 그 생명력을 꾸준히 유지해오고 있다. 그 이유가 뭘까?

먹이사슬에서 위에 놓여 있던 강한 존재들은 자만감에 진화를 포기했다. 아래에 놓여 있던 약한 존재들은 종족을 유지하기 위해 끊임없이 진화해왔기에 더 오래 남아 있는 것이다. 결국 인간은 약한 존재라는 결론에 다다른다.

어두운 밤 가장 무서운 것은 '사람'이라고 한다. 밤에 길을 걷다가 인기척을 느끼면 간담이 서늘해진다. 하지만 그건 모르는 사람을 만났을 경우이다. 누구일지 모르기에 나를 해코지할 수도 있다는 생각이 들기 때문이다. 만약 가족 중 누가 마중을 나왔다면 무섭기는커녕 너무나 반가울 것이다.

　가장 무서운 것은 역시 우리 마음속에 있는 '공포심'이다. 보이
지 않는 무언가에 두려움을 느끼는 것이다. 존재하지도 않고 형체도
없으며, 우리 상상 속에서 만들어낸 것이기에 우린 그것을 '귀신'이
라고 불렀다.

　귀신이 무서울 수밖에 없는 이유는 우리가 볼 수 없는 밤에만 나
타나기 때문인 것이다. 낮의 공동묘지는 조금 으스스한 기분이 들긴 하
지만 지나갈 수는 있다. 그러나 밤에는 지나가기가 망설여진다. 아무

것도 보이지 않기에 귀신이 나올 것 같은 공포심이 생기기 때문이다.

　가장 공포스러운 영화는 보이지 않는 적에 의해 공격을 받는 장면이다. 프레데터, 에이리언과 같은 영화처럼 보이지 않는 적에게 공격을 받는 것은 속수무책이기에 너무나 공포스럽다. 그런 보이지 않는 적의 경우 영화에서는 대개 악당이므로 결국 주인공에게 죽고 말지만, 만약 누군가 투명인간이 된다면 마음먹기에 따라 그는 세계를 지배할 것이다. 아무도 그를 잡을 수 없기 때문이다.

　　인간은 지구상에 존재하는 수많은 동식물을 지배하고 있지만
정작 바이러스나 세균 같은 미약한 존재에게는 수많은 목숨을 내어
주고 있다. 그들은 보이지 않기 때문이다. 보이지 않는 적에 의한 공
격은 인간으로서는 어찌할 방법이 없다. 방어할 수도 공격할 수도
없기 때문이다.

　　어릴 적 한여름에 이불을 덮고 얼굴을 빼꼼히 내밀며 보았던 '전
설의 고향'이 에어컨보다 시원했던 이유이다. 공포심은 무더위를 잊
어버릴 정도로 무섭다.

　　약한 존재인 인간, 보이지 않는 존재, 이 두 가지가 맞물려 귀신
이라는 존재는 인간에게 가장 공포스러운 존재로 등극했다. 만약 귀
신이 나타난다면 도망갈 수도 피할 수도 없다. 어쩔 수 없이 인간은
귀신이 아예 접근하지 못하게 부적을 쓰거나 액땜을 한다. 한국에서
는 동짓날 팥죽으로 귀신을 쫓듯 일본에서는 절분제(節分際)를 열
어 콩을 던지며 귀신을 쫓아낸다.

　　일 년 내내 신사, 절, 벚꽃, 단풍 등으로 행사가 가득한 교토이지
만 잠깐의 휴식기가 있다. 새해 1월 초의 정월과 성인식이 끝나고 2
월 말쯤 매화꽃이 피기 전까지의 시기이다. 일본은 한국보다 한 달

정도 느린 계절의 흐름이기에 2월 달이 가장 춥다. 그 추운 겨울 비
수기에 유일하게 있는 행사가 바로 2월 3일 절분제(節分際)이다.

절분제(節分際)가 되면 신사는 요상한 향기로 가득하다. 오래된
물건 태우는 연기 냄새, 귀신들에게서 나는 분 냄새, 향 피우는 냄새,
온통 신사를 감싸는 냄새들이 스며들어 마음을 말캉말캉하게 한다.

약한 존재인 인간에게 어쩌면 가장 중요한 행사일지도 모른다.
가장 공포스러운 귀신을 일 년 동안 접근하지 못하게 쫓아내는 행
사이기 때문이다.

공포심이라는 감정을 갖고 있기에 인간은 지구상에서 가장 약
한 존재임에 틀림없다. 그러나 그 약함이 인간을 가장 강한 '만물의
영장'으로 만들었다.

땜질 처방인

#치노와쿠구리(茅の輪くぐり)

'사랑의 블랙홀'이라는 영화가 있다. 자고 일어나면 다시 어제로 돌아가 삶을 계속 반복한다는 스토리다. 비슷한 환경과 조건이 반복되기 때문에 그것을 이용해 처음엔 나쁜 짓들을 하다가 나중엔 좋은 일들을 하면서 사람들을 도와주기도 한다. 일어날 상황을 미리 알고, 잘못돼도 다시 반복할 수 있으므로 가능한 것이다. 즉 그에게 오늘은 내일의 리허설이다.

우리는 살면서 수많은 잘못을 하고 후회를 한다. 만약 다시 과거로 돌아갈 수만 있다면을 희망하지만 현실에서는 불가능하다. 결국

잘못된 것에 대한 반성과 시정을 통해 계속 미래로 나아갈 수밖에
없다. 반복된 삶은 불가능하기에 잘못된 점을 그때그때 땜질해나가
는 방법이 최선인 것이다.

중학교 시절 라디오를 조립하는 과제물이 있었다. 재료들을 조립해 완성품을 만드는 과정에서 트랜지스터 부품을 연결하기 위해 납땜을 했다. 금속보다 녹는점이 낮은 납을 녹여 붙여 연결시키는 것이다. 땜질이란 두 개의 물건을 하나로 연결하거나 구멍을 메우거나 하는 작업을 말한다. 좀 더 넓은 의미로 본다면 기계, 건물의 미비한 곳이나 잘못된 부분을 보완하는 것이다.

즉, 전체를 처음부터 다시 만들거나 교체하기가 어려운 경우 일부분을 그때그때 처방해나가는 것이다. 땜질 처방이라 하여 안 좋은 뉘앙스로도 사용되지만, 비용 대비 효과를 따진다면 상황에 따라서는 가장 최선의 방법이 될 수도 있다. 건축물 완공 후 미비한 곳이 발견될 경우 '하자보수'를 하는 것과도 같다.

우리의 인생 또한 땜질 처방이 가장 적절한 방법일 것이다. 영화처럼 어제로 다시 돌아갈 수 없기에 잘못을 알았을 때 그때그때 고쳐나가며 살아가야 한다. 잘못을 고치지 않고 살다 보면 흠집이 점점 커져 나중에는 메울 수 없는 상황이 되기도 하므로 되도록 고쳐나가는 게 좋을 것이다.

교토는 6월 말이 되면 짚이나 풀로 둥그렇게 엮어 그 안을 통과

하는 행사를 한다. 치노와쿠구리(茅の輪くぐり)라고 하고 일 년의 반을 살아왔으니 그간의 잘못을 반성하고 나쁜 기운을 몰아내어 남은 반년의 안녕을 비는 것이다. 인간이라면 누구나 지나온 반년간의 잘못이 생각나기에 서슴없이 그 원을 지나간다.

　나도 원 앞에서 망설일 수가 없다. 돌이켜보면 잘못과 실수들이 끊임없이 생각나기에 땜질 처방을 위해 원을 통과한다. 원을 지나가며 남은 반년 동안은 더 이상 땜질할 못 자국이 없기를 간절히 바라본다.

신분이 다른 사랑

#다나바타(七夕)

'우리 애랑 헤어지게~.' 매몰차게 노려보며 탁자 위에 돈 봉투를 휙 던진다. 예로부터 남녀 간의 사랑을 다룬 드라마나 영화의 단골 메뉴이다. 신분이 다른 두 사람이 만나 사랑을 하게 되고 결국 부모가 그 사실을 알고 반대를 하게 된다. 자기 자식 몰래 주인공을 카페로 불러내 벌어지는 뻔한 장면이다.

'그런 돈 필요 없습니다.' 다소 격양된 어조이지만 침착하게 대답하고 벌떡 일어서 카페를 나선다. 하필 그때 비가 내리기 시작한다. 비를 쫄딱 맞으며 빗물만큼이나 많은 눈물을 흘리며 집으로 터

벅터벅 돌아간다.

집에 도착하면 신기하게도 비가 그치고 상대방은 집 앞에서 기다리고 있다. 재빨리 눈물을 훔치며 아무 일 없다는 듯 '웬일이야?'라며 애써 태연해한다. 상대방은 '미안해, 사랑해~'라고 하며 껴안아주고 품 안에서 다시 흐느끼며 꿋꿋이 사랑을 지켜나가자고 다짐한다.

비전문가인 내가 써도 쓸 수 있을 정도로 너무나 뻔한 대본이다.

개그 코너에서는 그 돈 봉투를 슬며시 열어보며 돈이 적으면 인상을 찌푸리고 돈이 많으면 '네, 헤어질게요'라며 미소 지으며 돈 봉투를 챙겨 나가는 장면을 연출하기도 한다.

옛날에는 TV, 인터넷이 없어 정보를 교환하는 것이 어려웠다. 즉 서로 다른 환경, 다른 신분의 상대에 대한 관심, 호감이 있었다. 나와 다른 세상에 대한 동경이 쉽게 사랑에 빠지게 만들었다. 지금은 너무나 많은 정보를 통해 현실을 이해하기에 신분이나 빈부의 격차에 의한 사랑은 신기하지도 않고, 그리 원치도 않는다.

돈 주는 장면을 볼 때마다 궁금한 점이 있었다. 봉투를 건네며 '이거 받고 헤어져주게'라는 부분이다. 정말로 돈으로 헤어지게 하려는 목적이라면, 만약 나 같으면 액수를 얘기하거나 돈을 꺼내 보이며 '이거 ○○억 원인데 이거 받고 우리 애와 헤어지게'라며 구체적으로 액수를 제시할 것이다.

몇백만 원, 몇천만 원 정도의 애매한 액수라면 자존심상 받지 않겠지만, 만약 인생을 바꿀 만한 로또 당첨금 정도의 액수라면 상당히 고민할 것이다. 상대방을 사랑할지라도 어차피 신분상의 차이로 해피엔딩이 되기 어려울 것이고 헤어지는 게 상대방을 위해서도 좋고, 또한 그 어마어마한 돈으로 인생 역전을 할 수 있기 때문이다. 물론 나이가 들어 속세에 때 묻은 지금에서의 생각이고 낭만이 흐르던 젊은 시절이라면 다를지도 모르겠다.

어느덧 주인공이 아닌 부모 역할에 캐스팅 될 나이가 되니 돈 액수를 밝히지 않는 이유를 이제야 알 것 같다. 아버지의 입장이 되니 그 해답이 보이는 것이다. 내 자식의 상대를 만나는 것은 헤어짐이 전제가 아니라 그를 만나서 어떤 사람인가 알아보고 테스트도 해보기 위함이다.

내 자식의 상대가 누군지, 어떤 생각을 갖고 있는지, 우리 애를 얼마나 사랑하는지, 사람됨은 어떤지 등 모든 게 궁금한 것이다. 헤어지라고 했을 때의 그의 대답, 돈을 주었을 때의 반응, 그 모든 걸 살피는 것이다.

사랑은 인류의 끊임없는 테마이며 사랑을 주제로 한 수많은 드라마, 영화, 예술작품 등이 끊임없이 우리와 함께한다. 사랑 중에서도 일반적인 사랑보다는 신분 간의 차이 등 갈등을 초래하는 사랑이 더욱 인기를 얻는다. 삼국시대 바보온달과 평강공주, 대하드라마 토지의 서희와 길상, 로마의 휴일의 공주와 신문기자, 맨발의 청춘의 신성일과 엄앵란, 해품달의 왕과 무녀, 꽃보다 남자의 구준표와 금잔디 등 신분을 초월한 무수한 사랑 이야기가 이어져온다.

그중에서도 가장 압권은 한·중·일의 전통명절인 칠월칠석의 견우와 직녀이다. 옥황상제의 딸과 목동의 사랑, 그들은 너무나 사랑한 나머지 맡은 일도 저버리는 바람에 옥황상제의 노여움을 산다. 결국 옥황상제는 그들을 헤어지게 하고 일 년에 한 번 만나게 한다. 7월 7일, 오작교를 타고 만난 견우와 직녀는 하염없는 눈물의 상봉을 한다.

아마, 옥황상제는 신분이 다르기에 처음부터 견우가 마음에 안

들었을 터이다. 돈 봉투를 건네며 견우를 시험했을지도 모른다. 돈 봉투를 뿌리치고 열심히 목동 일을 하는 그의 성실함에 결혼을 허락했을 것이다. 그러나 결혼 후 일을 안 하고 열심히 살지 않는 그의 모습에 더욱 화가 났던 것이다. 자기의 재산을 노리고 결혼한 것이라고 생각하니 분노가 치밀어 결국 그들을 갈라놓기에 이르고 만다.

'바보온달 콤플렉스'가 있다. 좋은 조건의 여자를 이용해 신분 상승하려는 욕구를 말한다. 노력 안 하고 쉽게 성공하려는 심리이다. 사랑해서 결혼했으면 열심히 일하면서 살아가는 게 사랑을 지켜나가는 것이다. 사랑은 이상이지만 결혼은 현실이다.

무더위가 싹 가시는

#미타라시마쓰리(御手洗祭)

버드나무 그늘이 세 들어 사는 우물이 있었다. 늘어트린 버들가지는 하늘거리며 시원함을 주었고, 홀딱 벗고 목욕할 때에는 지나가는 이들을 가려주는 커튼 역할도 했다.

우물에 두레박을 늘어트려 물을 긷다가 언젠가부터 펌프질로 물을 길었다. 지금의 수도에 비하면 불편하기 짝이 없지만 펌프에 마중물을 부어 압력으로 끌어 올리면 이내 차가운 지하수가 쫄쫄 흘러나왔다.

깊은 땅속에서 세상 밖으로 나온 지하수의 차가움은 한겨울 얼

음을 깨고 손을 담근 느낌 그대로였다. 한여름 더위에 땀이 줄줄 흐르면 웃통을 벗고 그 차가운 물에 등목을 했고 얼마간은 시원한 느낌을 간직하며 보낼 수 있었다. 차가운 지하수로 등목 하는 순간 온몸이 부르르 떨릴 정도의 시원함이란 지금 생각해도 오싹할 정도이다.

시모가모 신사(下鴨神社)에는 본당 옆에 우물물이 흘러나오는 조그만 신사(井上社)가 있다. 여름철이 되면 그 시원한 샘물에 발을

담그는 행사(御手洗祭)를 한다. 일본에는 입춘, 입하, 입추, 입동 전 '도요노우시노히(土用の丑の日)'라는 시기가 있다. 그중 한여름 7월 30일경에 해당하는 '도요노우시노히'에는 장어를 먹거나 더위를 쫓는 행사를 한다.

미타라시마쓰리는 7월 30일을 중심으로 며칠 동안 개최하는데 신사 앞 우물물로 생긴 연못에 발을 담그거나, 촛불에 불을 붙여 제단에 꽂거나, 신에게 바치는 깨끗한 물을 마시거나, 미타라시 단고

라는 경단을 먹는 행사를 벌인다. 나쁜 기운을 쫓아 몸과 마음을 깨

끗이 하여 1년간의 무병장수를 기원하는 것이 그 목적이다.

　한여름 밤 미타라시마쓰리에서 처음 발을 담갔을 때의 그 차가

움이란 정말 상상을 초월했다. 마치 얼음물에 발을 넣는 것과 같은

느낌에 발을 동동 구를 정도로 깜짝 놀랐다. 그 옛날 우물가 등목 할

때의 차가움, 바로 그것이었다. 발목을 타고 올라오는 시원함과 소원을 태우는 촛불 풍경에 취해 쉽사리 우물을 떠나질 못했다.

　무병장수를 기원하며 한여름 밤의 축제로 자리 잡은 미타라시 마쓰리는 저녁이 되면 더위를 쫓으려는 사람들로 한가득 넘친다. 친구, 연인, 가족들끼리 손에 손을 잡고 긴 참배길(糺の森)을 지나 바지와 치마를 걷고 샘터에 들어서는 순간 여름의 더위는 싹 사라지는 기쁨을 누릴 것이다.

　차가운 물에 발을 담그는 순간, 온몸이 오싹할 정도로 움츠러들기에, 모든 병마와 잡귀도 깜짝 소스라쳐 달아날 정도이다. 자연스레 무병장수가 이루어지는 순간이다.

프로 정신이 돋보이는

#후나마쓰리(舟祭)

회사에 들어가면 정식 사원이 되기 전 수습 기간을 거친다. 수습이란 근로계약 체결 후 근로자의 작업능력이나 사업장에서의 업무능력의 훈련을 위한 기간이라 정의한다.

회사 입장에서는 신입사원에게 업무 투입 전 기초지식과 일하는 방식을 가르쳐 업무 효율성을 높이기 위함이다. 직원 입장에서도 익숙지 않은 회사나 업무에 대한 사전교육을 통해 적응기간을 거치는 것이다.

우리는 모두 연습과 경험을 통해 숙련자가 되어간다. 처음부터

전문가로 태어난 사람은 없다. 지난 세월을 되돌아보면 누구나 '아, 그때 왜 그랬을까!' 하는 미숙했던 과거를 거쳐 왔다. 누구나 어떤 분야의 전문가가 되려면 수많은 시행착오의 과정을 거쳐야 한다.

우리 사회 시스템을 보면 고교를 졸업하고도 대학, 군대를 마치면 결국 20대 후반에서야 회사에 들어간다. 수습 기간을 거치고 일에 익숙해지려면 또 몇 년이 걸린다. 즉 30대 중후반 정도가 되어야 일과 생활에 안착되는 사회 구조이다.

어차피 직업을 선택할 거라면 일찌감치 직업교육을 거쳐 20대 초반부터 바로 경력 사원이 되는 것이 인생 설계와 인적자원 활용 면에서 좋지 않을까! 예능 분야는 어려서부터 재능을 발굴하여 몇 년간의 훈련을 거쳐 남들보다 젊은 나이에 성공하기도 한다.

교토 역에서 조금 올라가면 시죠도오리 가모가와 강변 쪽에 폰토쵸(先斗町)라는 지역이 있다. 식당, 술집 등이 밀집한 번화가이며 기온(祇園) 거리와 연결되어 있어 관광객들의 발길이 끊이지 않는 곳이다. 그 폰토쵸를 따라 남쪽으로 흐르는 타카세가와(高瀬川)라는 조그만 개울이 있다.

에도시대 거상(角倉了以)이 건설한 교토 중심부와 남부 후시미(伏見)를 연결하는 물류 운송용 인공 운하이다. 그 당시에는 수많은

배들이 운항되었지만 메이지시대 비와코와 교토를 연결한 새로운 운하가 개설되면서 물류량이 감소하여 결국 폐지되었다.

9월 추분경이 되면 타카세가와 운하의 역사를 기리기 위해 마이코를 초대해 다양한 행사를 한다. 후나마쓰리(船祭り)라 하며, 마이코의 차 대접, 마이코와 사진 촬영, 개울에 배 띄우기, 무술연극 등 하루 종일 다양한 퍼포먼스를 펼친다. 그중 가장 시선을 사로잡고 인기 있는 것은 당연 마이코(舞妓)이다. 보기 어려운 진짜 마이코를 직접 눈앞에서 볼 수 있는 찬스이다.

　마이코는 고급식당과 술집에서 춤을 추며 시중을 드는 게이샤 (芸妓)가 되기 전 수습 과정에 있는 예비 게이샤를 일컫는 말이다. 20세 미만의 소녀들이며 게이샤와는 조금 다른 모습을 보인다. 화려한 꽃 비녀를 꽂고, 등 뒤에 기다란 오비(おび)를 매며, 굽 높은 나막신(下駄)을 신는 등 게이샤와는 구별이 된다.

　마이코는 상당히 엄격한 수습 기간을 거친 후에야 게이샤가 되어 최고 경력직의 대접을 받게 된다. 반듯하고 정갈한 그녀들의 모습에서 수습 기간 훈련의 결과가 몸에 배어난다. 프로다운 모습이 조금씩 엿보인다.

제5장

오감을 만족시키는

교토의 행사

도심 속 뱃놀이

#오카자키 짓코쿠(岡崎十石)

교토는 벚꽃 시즌 동안 제공하는 행사들을 다 체험 못 할 정도로 테마가 다양하다. 교토의 벚꽃은 3월 말에 개화하여 일주일 정도 후에 만개하고, 다시 일주일 정도 지나면 지기 시작한다. 그 짧은 기간 동안 교토에서는 무수한 벚꽃 행사들이 이루어진다. 아라시야마(嵐山), 철학의 길(哲学の道), 야사카 신사(八坂神社), 청수사(清水寺) 등의 기본적인 벚꽃 관광지와 라이트업, 마쓰리, 관광열차 등의 다양한 행사를 다 즐기려고 한다면 아마 꽃잎에 본드를 발라놓아야 할 것이다.

　햇살 좋은 날 아들과 함께 시내 산책을 나왔다가 벚꽃 사이로 지나가는 배를 보고 깜짝 놀란 적이 있다. 아라시야마(嵐山)에서의 뱃놀이만 생각해왔던 터라 도심 속 뱃놀이는 생각지도 못했었다. 옛날 황실과 귀족들은 자기네들만의 정원, 연못, 호수 등을 만들어놓고 배를 타고 요리를 먹으며 그렇게 꽃놀이를 즐겼던 것이다.

　철학의 길(哲学の道)을 따라 흐르는 하천 바로 왼쪽 옆에 시라가와라는 하천이 있다. 그 하천이 끝나는 지점이 헤이안신궁 아래

교토동물원이다. 동물원 바로 밑에 선착장이 있고 거기서 타서 왼쪽으로 자동차 운전면허 굴절 코스처럼 1km 정도 가면 가모강(鴨川)하고 만나는데 그곳에서 왕복 코스로 뱃놀이 운항을 한다.

벚꽃 시즌에는 철학의 길(哲学の道)보다 더 괜찮은 산책 코스이다. 뱃놀이가 아니더라도, 관광객이 거의 없어 한산해서 좋다. 하천 폭도 철학의 길(哲学の道)보다 넓고 산책길도 잘 정비되어 있다. 대부분 은각사에서 철학의 길(哲学の道)을 시작하여 에칸도에 도착하면 야사카 신사나 기온(祇園) 거리 쪽으로 빠지는데, 에칸도에서 방향을 틀어서 동물원 쪽으로 나오면 이 코스를 만날 수 있다.

벚꽃 가로수 길을 걸으면서 뱃놀이하는 사람들을 볼 수도 있다. 계속 걷다 보면 가모강(鴨川)과 만나므로 강을 따라 시죠 번화가 쪽으로 가면 아주 좋은 벚꽃 구경 산책이 될 것이다.

다양한 행사가 많은 교토, 그래서인지 교토의 벚꽃은 너무 빨리 지는 느낌이 든다.

먹는 재미가 솔솔

#나가시소면(流し素麵)

한 시간여의 짧은 식사지만 윗사람과의 식사는 부담스럽다. 쩝쩝 게걸스럽게 먹을 수도 없고, 다리 한쪽을 의자에 올리고 먹을 수도 없고, 떠들어대며 먹을 수도 없다.

예로부터 식사 예절은 엄격했다. 얌전하게 식사하라 했고, 식사 중에는 말도 하지 말라고 했다. 심하진 않았지만 그런 문화에 길들여졌기에 조용히 식사하는 게 좋긴 하지만 그게 건강에도 좋은지는 의심이 간다. 기분 좋게 식사를 해야 소화도 잘되고 건강해질 테니 말이다.

　음식은 맛있고 기분 좋게 즐기는 것이 최고이다. 침묵 속에서 불편하게 먹거나, 식사에만 집중한다면 좋지 않다. 신경을 쓰면 위산을 과다 분비해 위장장애를 일으킬 것이고, 식사에만 집중한다면 빨리 먹게 되어 소화력을 저하시킨다.

　일본 애니메이션이나 드라마에 자주 나오는 여름의 풍물 중 나가시소면(流し素麵)이라는 것이 있다. 대나무를 반으로 쪼개어 물을 흐르게 한 후 그 위에 국수를 흘려보내고 그걸 날름 집어 먹는 방

식이다.

　그동안의 교육의 영향으로 그렇게 먹는 것은 음식에 대한 예의가 아니라는 생각이 들지만 아이들과의 추억을 만들기 위해 나가시소면(流し素麺)으로 유명한 기부네(貴船)의 히로붕(ひろ文)이라는 식당으로 향했다.

　기부네는 교토시 북부 산골짜기 계곡의 지명으로, 계곡을 끼고 식당과 료칸들이 20여 채 정도 있는 곳이다. 그 계곡 위에 가와도코(川床)라는 평상을 설치하고 일본의 코스요리를 1인당 10만 원 정도에 판매하는 비교적 고가의 관광지이다.

그 식당들 중에서 유일하게 1,300엔이라는 저렴한 가격에 나가시소면(流し素麵)을 판매하는 식당이 바로 히로붕 식당이다. 여름 피서와 함께 풍물을 체험할 수 있기에 관광객들에게 인기가 많다. 다만, 사전예약도 안 되기 때문에 접수하는 데도 줄을 서야 하고 접수 후 몇 시간을 기다려야 결국 먹을 수 있다.

매년 5월부터 9월까지 가와도코의 설치가 허락된 시기에만 영업을 하며, 교토 시내보다 온도가 10여 도 낮기 때문에 현지인과 관광객이 많이 몰리는 지역이다.

버스로도 갈 순 있지만, 또 하나의 명물인 완만덴샤를 타기 위해서는 데마치야나기 역(出町柳駅)에서 기부네구치 역(貴船口駅)으로 가는 것도 좋다. 역에서 내리면 버스를 타고 올라가도 되고, 계곡을 따라 산보하듯 걸어가도 된다.

버스 정류소는 기부네 입구 초입에 있고 식당들이 계곡을 따라
늘어서 있다. 히로붕은 그 식당들 중에서 가장 위쪽에 위치하고 있
어 우선 빨리 올라가서 접수하는 것이 급선무이다.

인원수에 맞춰 돈을 지불하면 번호가 쓰인 부채를 준다. 몇 시까지 오라는 설명을 듣고 그 시간 동안 관광을 하면 된다. 인근 기부네 신사(貴船神社)를 둘러보다가 시간에 맞춰 돌아가면 된다.

드디어 차례가 오고 종업원들이 다시 자리를 세팅하고, 라인을 정해준다. 긴장되는 순간, 빠른 속도로 국수가 지나간다. 나가시소면(流し素麵)에 익숙하지 않은 사람들은 놓치기 일쑤다. 맨 오른쪽 끝에 앉으면 앞사람들이 놓친 소면을 공짜로 건져 먹을 수 있는 혜택도 있다.

시원한 계곡 평상 위에서 재밌는 방식으로 맛있고 배부르게 먹는 것을 고려하면 1,300엔 정도는 비교적 적당한 가격이다. 시원한

기부네 계곡 평상(かわどこ) 위에서 아이들과 함께 나가시소면(流し素麺)을 즐기면서 일본에서 한여름의 추억을 하나 만들었다. 다시 버스 타고 전철 타고 또 버스 타고 집에 오니 배가 꺼져버렸다. 역시 면은 소화가 빠르다.

밤의 고요를 물들이는

#연말 라이트업(イルミネーション)

　태초의 원시인들은 횃불로 밤을 밝혔다. 1700년대 들어서 석유와 가스를 사용하게 되었고, 드디어 1879년 에디슨이 전기를 이용한 최초의 전구를 발명하게 된다. 에디슨의 전기 발명 후 비교적 빠른 시기인 1887년, 고종 황제는 에디슨전기회사의 도움을 받아 경복궁 내 연못가에 전깃불을 설치하였다. 우리나라 최초의 전기인 것이다.

　일제강점기, 6.25전쟁 등 암흑시대를 거치고, 1960~1970년대 경제개발에 힘입어 드디어 우리는 전기가 일상인 환경에서 살게 되었다. 처음 전기를 봤을 때 신기하다 하여 '도깨비불'이라 부르던 그

전기를 이제는 언제 어디서나 아무런 불편 없이 당연한 듯 사용하기에 이르렀다.

　이런 편리한 시대에 태어난 게 행운이라는 생각이 들지만 과도기에 태어났기에 아주 어릴 적 전기가 부족했던 생활이 어렴풋이 내 기억 속에 남아 있다. 그 시절 우리 시골집에는 항상 초가 준비되어 있었다. 전력 상황이 안 좋았기에 전기가 나가면 비상용으로 초를 켜야 했기 때문이다. 촛불을 붙인 후 촛농을 몇 방울 떨어트려 기다란 초를 고정시켜 세웠고 그 초가 다 녹을 때까지 아껴가며 애지

중지 사용하던 시절이었다.

어느덧 우리 삶에서 초는 사라져갔고 조금만 어두워져도 전기를 켜고, 잠시라도 전기가 나간다면 난리가 나는 시대가 되었다. 게다가 이제는 전기가 어둠을 밝히는 본래의 목적이 아닌 새로운 용도로 활용하는 시대에까지 오고야 말았다.

특별한 행사가 있거나, 특히 크리스마스가 있는 연말이 되면 전기는 그 옛날 우리 조상들이 경복궁에서 느꼈던 그 신기한 도깨비불과 같은 매력을 발산한다. 어둠을 배경으로 아름답고 다양한 색으로 연출하는 전등은 연인들의 가슴을 설레게 하고, 아이들의 동심을 자극한다.

그 빛 속에서 즐기는 연인, 가족들의 모습은 평온하고 아름답다. 차가운 겨울 밤 추위 속에서도 시간이 가는 줄 모르고 사라져가는 빛을 아쉬워한다. 연말이 다가오면 교토는 다양한 일루미네이션으로 밤을 밝힌다. 봄의 벚꽃, 가을의 단풍에 지지 않을 정도로 그 빛은 화려하고 아름다운 자태를 뽐낸다.

전구의 빛은 연말이라는 분위기와 어울려, 어둠을 밝히기보다는 밤의 고요를 물들인다.

대숲에 스며드는 빛

#아라시야마 하나토로(嵐山 花灯路)

세상은 공평하다. 얻는 게 있으면 잃는 게 있고, 잃는 게 있으면 얻는 게 있다. '소리'라는 테마를 보면 세월이 지나면서 사라진 소리와 새로 생긴 소리가 있다. 옛날 자연에서 들려오던 소리들은 조금씩 사라졌지만 다양한 전자음향들이 새로 생겨나기도 했다. 새로 생긴 소리들은 좋고 싫음이 갈린다. 현란한 일렉트로닉을 사용한 뮤직은 사랑을 받는 반면, 도로에서 들리는 차량 소리들은 소음공해이다.

인간의 신체는 뛰어나다. 좋고 싫음을 떠나 어떤 소리든 결국 적응하게 된다. 정신없는 전자음악에 맞춰 춤을 추기도 하고 도로의

차량 소음에도 익숙해진다. 특히 자동차 클랙슨은, 한국에서는 도로
에 나가면 당연히 감수해야 하는 소리로 여긴다. 반면, 교토에서는
그 소리가 그리울 정도로 나지 않는다. 사람이 앞에 있으면 자동차
가 졸졸 따라가기까지 한다.

　교토에서 조용함에 길들여지다 보니 점점 더 고요함을 찾게 된
다. 우연히 보게 된 아라시야마(嵐山) 하나토로 포스터, 잠시 포스터

에서 눈을 떼지 못했다. 사진에서조차 고요함이 묻어난다. 교토는 역사가 깊은 도시이기에 일 년 내내 볼거리가 다양하나 주로 벚꽃과 단풍철에 관광객이 몰리고 겨울에는 상대적으로 한산하기에 겨울 상품으로 만든 것이다.

꽃과 등불을 도로를 따라 장식했기에 하나토로(花灯路)라 한다. 아라시야마(嵐山) 전 지역에 약 2,500개의 등불을 설치해놓고 관광객들을 기다린다. 대나무 숲속에도 라이트를 설치해 대나무를 밝혀준다. 라이트업 때문에 잠도 못 자는 대나무들이 불쌍하지만 보기엔 좋다. 빛줄기가 대나무를 따라 하늘로 올라간다. 그 모습을 담으려는 수많은 사람들이 몰려온다.

아라시야마(嵐山)강에도 커다란 라이트를 설치해놓고 산을 향해 빛을 쏜다. 라이트 조명에 도게츠교는 더 많은 사람들로 가득 찬다. 밤이 깊어갈수록 빛은 더욱 강해지고 고요는 깊어간다.

츤데레 한 매력의

#히가시야마 하나토로(東山 花灯路)

'츤츤(つんつん)'은 새침한 모양을, '데레데레(でれでれ)'는 애교 부리는 모양을 뜻하는 말로 '츤데레(つんでれ)'는 처음에는 새침한 듯 적대적인 태도를 취하다가 나중에는 애교를 부리는 호의적인 태도를 취하는 이중적 성격을 나타내는 말이다.

게임 캐릭터에서 유래된 신조어로 우리말로 치자면 '새침데기'에 가장 가깝다. '새침데기'는 약간 퉁명스러운 듯 애교 있는 성격이다. '~하는 척'과 어울린다. 예쁜 척, 귀여운 척, 무관심한 척, 부끄러운 척.

어찌 보면 순수해 보이기도 하지만 일부러 그런다면 연애의 달
인일지도 모른다. 이런 여자에게 남자는 한없이 빠져들기 때문이다.
인기 있는 드라마나 영화 속 여성 캐릭터로 결국 남자가 자기를 좋
아하게 만들어버리는 밀당의 고수이다.

밤이 그냥 어둡기만 한다면 낮의 반대 개념에 불과하다. 그러나
어스름한 불빛이 더해진다면 밤은 완전히 다른 모습을 보여준다. 별

빛, 달빛, 등불에 반사되어 그 모습을 살포시 드러내는 전통적인 냄새가 물씬 풍기는 교토의 밤에는 츤데레한 그녀가 있다.

목조건물이 빼곡히 늘어선 교토의 골목, 낮밤의 매력을 달리한다. 목조주택의 나뭇결과 어울려 보여줄 듯 말 듯 부끄러운 새색시 볼처럼 불그스름한 색조를 띠는 교토의 밤은 마치 새침데기와 같다. 츤데레 한 그녀의 유혹에 끌리지 않을 수가 없다.

하나토로(花灯路)가 열리는 교토 히가시야마(東山)로 향했다. 새침한 얼굴이 가장 잘 보일 것 같은 니넨자카로 들어서는 순간, 오층탑이 수줍게 얼굴을 드러낸다. 어슴푸레한 거리, 불빛을 머금은 우산은 골목을 살포시 보듬어 안는다. 등불은 나뭇결을 타고 부끄럽게 올라가 달빛과 만난다.

교토의 낮과 밤 사이에는 등불에 살며시 얼굴을 내미는 츤데레한 그녀가 있다. 아마도 난 새침한 그녀와 썸을 탄 듯하다.

흥분과 쾌락을 즐기려면

#가마우지(鵜飼) 낚시

흔들리는 다리를 건넌 후 설문조사를 하는 '카필라노 흔들다리 실험'이 있다. 흔들다리를 건넌 남자들에게 건너편 다리 끝에서 여성이 기다렸다가 설문조사를 실시하고 '설문 결과가 궁금하면 전화를 주세요'라고 여자가 말한다.

평범한 다리를 건넌 사람들은 거의 연락을 안 하지만 흔들다리를 건넌 사람들은 많은 수가 연락을 한다고 한다. 흔들다리를 건너면서 그들은 흥분감을 느꼈고 그 흥분감이 가슴을 뛰게 하고 그 느낌이 잘못된 판단을 내려 그 여자가 마음에 드는 것처럼 착각하게

된다는 것이다.

인간은 동물과 비교되는 이성을 지닌 존재이지만 인간에게도 본능적인 감정이 있다. 기쁨, 슬픔 등 미묘한 감정도 있고 '흥분'이라는 단순한 동물적 감정도 있다. 흥분이 지나치면 정상적인 판단을 어지럽혀 이상한 판단을 하기도 하고, 난폭해지기도 하고, 건강을 해치기도 하지만 인간은 끊임없이 흥분을 탐닉한다.

신이 인간에게 감정이라는 것을 주지 않았다면 인간 세상은 참으로 단조로웠을 것이다. 인간은 일상에서 감정을 고조시키기 위한

다양한 행위들을 한다. 특히 흥분을 유발하는 행위를 끊임없이 탐닉한다.

기본적으로는 술, 담배, 커피 등을 섭취하고 심지어는 마약까지도 손댄다. 스포츠 경기에서는 관중의 함성, 치어리더 응원을 통해 흥분을 유도한다. 놀이공원에서는 더 높이 더 빨리 달리는 기구를 만들어 짜릿함을 추구한다. 드라마나 영화에서는 결정적인 장면이 되면 음향효과를 주어 흥분을 극도화시킨다.

흥분이란 감정은 인간의 이성을 마비시켜 좀 더 본능적으로 만든다. 이성을 마비시킨 감정은 인간에게 고통을 주기도 하지만 흥분도 선사한다. 그 흥분을 통해 얻는 쾌락의 맛은 너무 달콤하여 계속 빠져들게 만든다.

인간은 흥분과 쾌락을 추구하기 위해 주위의 다양한 것들을 이용한다. 그중에 인간보다 머리가 나쁜 동물을 이용하는 놀이도 있다. 교토 아라시야마(嵐山)강에서는 여름이 되면 가마우지라는 동물을 이용해 낚시를 한다. 가마우지의 목을 묶어 은어 같은 물고기를 잡게 하고 그 물고기를 삼키지 못하게 목을 묶어놓는다. 가마우지가 잡은 물고기를 인간이 가로채는 것이다.

아라시야마(嵐山)에 어둠이 드리워지면 출렁거리는 배를 타고 강 한가운데로 나아간다. 어둠 속 횃불로 물고기를 유인하고 사냥꾼을 투입한다. 사람들의 응원 소리와 횃불로 인해 한동안 아라시야마(嵐山)강은 흥분의 도가니가 된다. 한여름 밤 강물 위에서 펼쳐지는 한바탕 쇼에 흥분과 쾌감을 느낀다.

멀리서 그 모습을 지켜보고 있자니 그림 속 풍경에 빠져드는 것 같기도 하고 한 편의 영화 촬영 같기도 하다. 몸과 마음을 졸이며 긴장을 즐기게 된다.

가마우지의 비자발적인 희생으로 인간의 즐거운 유희는 절정에 다다른다. 저 멀리 산등성이에 떠 있는 초승달도 슬며시 고개를 들이밀고 구경한다. 인간은 끊임없이 흥분과 쾌락을 추구할 것이다. 그것을 탐닉해야만 결국 종족 보존도 가능하기 때문이다.

멀리 있어 아름다운

#고잔노오쿠리비(五山の送り火)

생기를 잃은 마른 풀잎들이 두렁에 널브러져 있었다. 한 무리의 아이들은 찬 기운 묵직한 다랑이논 한가운데 옹기종기 모여들었다. 작당 모의라도 하듯 머리를 맞대고 깡통 속에 뭔가를 꾸역꾸역 넣기 시작했다.

'휘이익, 휘이익' 아이들이 깡통을 이은 철삿줄을 돌리자, 바람을 가르는 소리가 황량한 들판에 잔잔히 퍼져나갔다. 시커먼 깡통 밖으로 허연 연기가 피어오르고 벌건 불기운이 공중에서 춤을 추었다.

　아이들의 팔놀림은 점점 빨라지고 겨울 들판은 희뿌연 연기로 탁해져갔다. 시간이 흐르자 흥분된 아이들은 논바닥을 비척거리며 돌아다녔다. 저 멀리 외딴집 아주머니는 개밥을 주려다 아이들을 무심코 바라보더니 다시 집 안으로 들어갔다.

　놀거리가 부족했던 시골의 겨울은 길기만 했다. 봄기운이 살랑거릴 때쯤 지루함에 지친 아이들은 서로의 집 앞을 기웃거리며 무리를 불려갔다. 술래잡기, 땅따먹기, 연날리기, 쥐불놀이, 어찌 보면 컴퓨터 게임 하나뿐인 요즘의 놀이문화보다 더 풍부한 건 아닌지. 다만, 세찬 들판에서 나뒹구는 철부지 놀이문화에는 아찔한 위험도 있었다.

　"불이야~!"

　불에 대한 트라우마가 생길 정도로 그날의 기억은 강렬했다. 깡통을 삐져나온 시뻘건 불씨는 잠자는 마른 풀을 깨웠다. 한 뼘 정도 시꺼멓게 재로 변하더니 불길은 순식간에 번지기 시작했다. 깜짝 놀란 아이들은 소리를 지르며 불을 끄기 시작했다. 발로 비비는 녀석, 흙으로 뿌리는 녀석, 산에서 꺾어온 솔잎으로 두들기는 녀석. 정신 없이 불을 끄니 수그러드나 싶었다.

깡통의 움직임이 대기의 기류를 바꾸기라도 했나, 순간, 바람이 아이들 뺨을 스치더니 불길을 세차게 흔들었다. 두렁을 옮겨 다니는 불길의 속도가 달려졌다. 풀잎 끝을 타고 불씨가 족히 열 걸음도 더 날아다니며 사방팔방 번지기 시작했다.

세력이 거세졌다. 덩달아 아이들의 심장도 요동치기 시작했다. 서로 무언의 눈짓을 주고받더니 흩어져 두렁으로 달려들었다. 작년에 버린 비료포대, 논에 뒹구는 볏단, 죽은 동물의 시체, 보이는 모든 것을 동원해 불을 끄기 시작했다. 불이 산으로 번지는 날엔, 생각만 해도 끔찍했다.

그때, 외딴집 아주머니가 다시 마당으로 나오는 걸 한 녀석이 발견하고는, 소리를 지르기 시작했다. 다른 아이들도 합심해 목청껏 외쳤다.

"불이야. 도와주세요~."

소리를 감지했는지, 아주머니는 우리들 쪽을 망연히 바라보더니, 마치 인사라도 하는 듯 손을 좌우로 흔들어 보였다.

포기는 빨랐다. 아니 번지는 불길을 막는 게 급선무였기에, 아이들은 다시 적진으로 돌진했다. 풀이 적은 곳에서는 약해지다가 많은 곳에서는 거세지기를 반복하며 불길은 두렁을 타고 산 쪽으로 오르

기 시작했다. 우왕좌왕하던 아이들, 위기 속에서 리더가 나온다고
했던가. 한 아이가 잠시 논바닥에서 불길을 관망하더니 모두를 불러
모았다.

"얘들아, 불길이 세 군데로 번지고 있으니까 세 조로 나뉘어서
풀이 적은 곳을 찾아 풀을 뜯어놓고 불을 기다리다가 숨통을 끊어
버리자."

리더의 전략은 적중했다. 불길은 잡혔고 작은 연기가 잿더미 위
에서 아지랑이처럼 피어오르더니 이내 사그라졌다.

다시 평온이 찾아왔다. 아이들은 망연자실한 표정으로 서로의
얼굴을 쳐다보았다. 얼굴은 재와 땀으로 벌겋고 까맣고 했다. 아이
들은 논바닥에 털썩 주저앉아 지난 전투의 무용담을 얘기하며 흥분

을 가라앉히려 했지만 심장박동은 여전히 빠르게 뛰고 있었다.

"근데, 저 아주머니는 왜 우릴 안 도와준 거지?"

한 아이가 외딴집 쪽을 쳐다보더니 불쑥 말을 꺼냈다. 누구 하나 답을 하지 않았다.

세월이 흐른 뒤 아이들 중 하나였던 나는 그 답을 찾았다. 아주머니는 우리들이 즐겁게 불놀이를 하고 있는 줄만 알았던 것이다. 그래, 어쩜 세상은 그날의 불놀이와 같은지도 모른다. 인간들은 아

옹다옹 힘겹게 전투하며 살아가지만 하느님은 저 멀리 하늘에서 우리를 흐뭇하게 보고 있진 않을까. '열심히들 살고 있네. 만들어놓은 보람이 있네'라고 읊조리면서 말이다.

'멀리서 보면 아름답다.'

스스로 빛을 내는 행성을 우리는 별이라 부른다. 밤하늘의 별은 너무나 아름답다. 수소와 헬륨으로 이루어져 끊임없이 폭발을 일으키는 그 별 속에 들어가 본다면, 과연 별이 아름답다 할 수 있을까?

멀리서 바라보는 수많은 능선의 산이 아름답지, 그 속에 들어가 보면 온갖 벌레와 산짐승과 험악한 산길뿐이다. 멀리서 바라보는 바다가 아름답지, 침몰된 타이타닉 재난 영화에서 본 바다는 공포의 도가니였다. 논두렁에서 지게 지고 터벅터벅 걸어가는 노인네를 멀리서 찍은 사진이야 아름답지, 그 늙고 허리 구부러진 할아버지 당사자라면 어떨까. 멀리서 보는 불구경이야 재밌지, 집 안에 남아 있는 사람들과 불 끄는 소방관에게는 악몽 그 자체다.

교토에 유학을 와서 우연히 오른 다이몬지산(大文字山), 그리

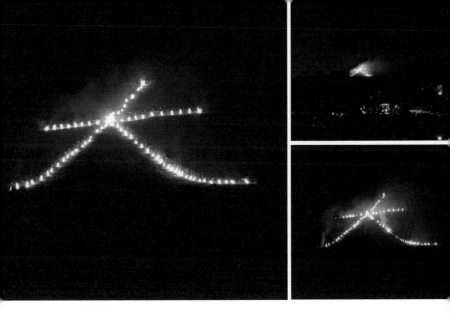

높지 않은 산이면서 정상쯤에 올라가면 시내가 전부 눈앞에 펼쳐진
다. 교토에서 본 그 어떤 경치에도 뒤처지지 않는다. 그 장관을 보고
난 뒤, 요상한 물건이 신경 쓰였는데, 나무를 전부 베어낸 자리에 줄
지어 있는 화덕이 그것이었다.

한국의 추석에 해당하는 '오봉(お盆)'이 되면 이곳에 불을 지핀
다. 교토 시내를 둘러싼 산들을 이어가며 '大, 妙法, 배, 토리이(鳥
居)'를 만들었다. '고잔노오쿠리비(五山の送り火)'라 하며 해석하면
'다섯 개 산의 배웅하는 불'이다. 즉 추석날 오신 조상님이 다시 극
락세계로 돌아가시는 것을 불을 밝혀 배웅한다는 의미의 행사이다.

매년 8월 16일 저녁 8시부터 다이몬지산의 '大' 자부터 5분 간격으로 산에 불을 지핀다.

그 멋진 장면을 보러 수많은 인파가 낮부터 가모 강변에 자리를 잡고 몇 시간을 기다린다. 논두렁 불놀이의 추억 가득한 나, 당연히 그 무리에 끼지 않을 리가 없다. 달이 솟고 별이 빛나는 어슴푸레한 어둠이 깔리자 저 멀리 산중턱에서 점들이 반짝이기 시작한다. 심장은 쿵쾅거리고 사람들의 함성이 터져 나온다. 역시 불놀이는 멀리서 즐겨야 제맛이다. 인생살이 힘겹다면 한 발짝 물러나 멀리서 바라보자. 멀리서 보면 아름다운 게 인생이다.

　우리는 모두 각자의 세상을 살아간다. 자신이 아는 수준에서 세상을 판단한다. 내가 아는 것이 정답이고 진리라 믿는다. 즉 내가 모르는 것은 인정하지 않거나 굳이 인정하더라도 찜찜해 한다.

　조화를 판단할 때도 마찬가지이다. 두 개 이상의 어울림을 나타내는 조화는 인간을 더욱 단순한 존재로 만든다. 줄곧 봐온 것은 조화이고 보지 못한 것은 부조화라 판단해버린다.

　하지만 조화의 정답은 없다. 왜냐하면 시대와 장소에 따라 천차만별이기 때문이다. 서로 비슷한 것이 조화롭기도 하고, 서로 상반되는 것이 조화롭기도 한다.

　조화는 대개 동일 문화권에서 비슷한 성향을 보인다. 교육, 방송, 언어, 관습 등 동일한 영향을 받기 때문일 것이다. 이런 조화의 개념이 해외여행을 가면 혼란을 가져오는 경우가 종종 있다. 그간 조화라고 생각하는 것이, 또는 부조화라고 생각하는 것이 반대의 경향을 보이며 의식을 흩트린다.

일본에 살다 보니, 시내 곳곳에 절이 있고, 낡은 건물들이 즐비하고, 한 겨울에도 학생들이 반바지를 입고, 자전거가 도로를 점령하고, 음산한 분위기의 이끼가 생활 속에 가득하다.

일정한 지역에만 갇혀 있으면 정답의 범위는 한정된다. 많이 보고 듣고 느낄 때 정답의 범위는 넓어진다. 그래서 옛 현인들이 '인간은 여행을 보내야 한다'라고 했나 보다. '이런 것도 가능하구나.' 시야를 넓게 해주는 것이 바로 여행이다.

교토를 여행했다.

2년 6개월간의 기나긴 시간이었다. 천년 고도 교토를 충분히 보고 듣고 느끼고 경험했다. 여행자들의 발길이 미처 닿지 않는 곳을 밟아보기도 했고 한곳을 계절을 달리해 반복해서 가보기도 했다.

교토는 매번 느낌이 달랐고 신선했다. 그로 인해 난 살아 있음을 느꼈고 행복했다. 그곳에 들어가면 난 자연스럽게 팔을 벌리고 숨을 들이마셨다.

그 느낌들이 사라지기 전에 추억을 소환해 책을 완성했다. 나를 말없이 품어준 교토에 대한 최소한의 보답이다.